新 潮 文 庫

猛女とよばれた淑女

祖母・齋藤輝子の生き方

斎 藤 由 香 著

新 潮 社 版

9079

目次

プロローグ　茂吉の「をさな妻」　9
第一章　輝子と父の物語　29
輝子の好きな人——黒柳徹子さん、兼高かおるさん
アフリカ二ヶ月の旅
軽井沢の「ボロ小屋」にやってくる
父の初めての大躁病
ドタバタ・パリ珍道中
第二章　世界百八ヶ国豪傑旅行　85
イルクーツクで腸閉塞
北極圏で氷原を三時間歩く
七十九歳で南極に行く
八十歳でエベレスト・トレッキング
八十一歳で海抜四千メートルのチチカカ湖に落水する

第三章　失われた日記　133
輝子と由香のハワイ旅行
ドキドキの銀座デート
卒論に選んだ「齋藤茂吉」
齋藤家の血脈
青山脳病院炎上
ダンスホール事件
戦後の窮乏生活
しのび寄る老いの兆し
「カンクンに行きたいわ」の言葉を最期に

第四章　追憶の輝子　249
準備万端のスーツケース
茂吉の故郷を訪ねる
豪華客船「飛鳥」でのパーティー
茂太の逝去
エピローグ　三十年ぶりに見つけた絵葉書　281
解説　淑女の品格　兼高かおる

猛女とよばれた淑女
——祖母・齋藤輝子の生き方

敷地四五〇〇坪、ローマ風建築の威容を誇った青山脳病院

プロローグ

茂吉の「をさな妻」

大正13年、ヨーロッパ留学中の茂吉を訪ねた輝子

背筋をすっと伸ばした毅然《きぜん》として気品ある立ち姿。不惑《ふわく》を過ぎて、祖母・齋藤輝子《さいとうてるこ》の面影がしばしば目に浮かぶ。

輝子は青山の四千五百坪もある大病院のお嬢様として育ちながら、関東大震災、東京大空襲といった修羅場を生き抜いてきた。晩年は世界の隅々まで旅行をし、七十九歳で南極に立つ。一流を好みながら贅沢《ぜいたく》は嫌い、権威をものともせず、明治女の気骨を持った文字通りのスーパー・レディーだった。

日常の些細《ささい》なことで思い煩《わずら》い、落ち込んだりする時、おばあちゃまなら何と言って私を励ましてくれるだろうか、と思ったりする。おそらく、「由香《ゆか》はそんな小さなことでお悩みなのね」と一言のもとに切って捨てられると思う。

「なんで男に生まれなかったのか」

精神科医であった父・齋藤紀一《きいち》をして嘆かせたほどの器の大きな輝子のことだ。私ごとき小物の悩みなど、歯牙《しが》にもかけなかっただろう。

だからこそ私は輝子に聞いてみたい。

「どうしたら、おばあちゃまのように強く生きられるのですか」と。

齋藤輝子は言うまでもなく歌人・齋藤茂吉《もきち》の妻である。では齋藤茂吉とは何者か。私が生まれた時、祖父の茂吉はとうに亡《な》くなっていたので、私にとっては国語の教科書に現れる歴史上の人物に過ぎない。そこで孫の私はGoogleで検索する。「齋藤茂吉」と打ち込むと、なんと十数万件もあるという。その中のフリー百科事典「ウィキペディア」によると、

「齋藤　茂吉（さいとう　もきち、1882年5月14日（戸籍では7月27日）―1953年2月25日）は、山形県南村山郡金瓶《かなかめ》村（現在の上山《かみのやま》市金瓶）出身の歌人、精神科医である。伊《い》藤《とう》左《さ》千《ち》夫《お》門下。アララギ派の中心人物。長男は故・齋藤茂太《しげた》。次男は北杜夫《もりお》。齋藤由香は孫」

とある（私の名前まで出てくるとは思わなかった。恥かしい）。つづいて、

「農民・守谷《もりや》伝右衛門（熊次郎）の三男。父方の祖父・金沢治右衛門は和歌を嗜《たしな》んだ。守谷家には、茂吉が小学校卒業後に進学するだけの経済面の余裕が無かっ

た。茂吉は、画家になるか、寺に弟子入りしようかと考えたが、親戚《しんせき》で浅草の医師・齋藤紀一の家に養子に入る」
そう、そもそも齋藤輝子のほうが格上で、守谷茂吉少年が齋藤家に婿《むこ》養子として入ったのだった。

明治二十九年八月、十四歳の茂吉は山形から上京する。上野駅に着いた時は宵の口だったが、あまりの人の多さと構内の明るさに驚いたという。精神科医である齋藤紀一（当時は喜一郎と名乗っていた）を訪ねるために浅草医院に到着すると、玄関には大きなランプが煌々《こうこう》と光を放っていた。客間は八畳の洋間で、モダンな紅色の絨毯《じゅうたん》が敷いてあり、農家の実家とはすべてが違う別世界であった。

齋藤紀一の経営する浅草医院はたいそう評判のいい病院であった。紀一は山形医学校を卒業して上京。済生学舎に学び、医術開業試験に合格して明治二十一年十二月、埼玉県大宮で医業につき、この地で青木ひさ（後に勝子と改名）と出会い、結婚。明治二十四年に浅草医院を開業した。

紀一には男の子がいなかったので跡継ぎを考えて養子にふさわしい少年を探していた。茂吉の生家は宝泉寺という寺の檀家《だんか》であり、その和尚《おしょう》・佐原隆応《りゅうおう》が神童の誉《ほま》れ高い茂吉に目をつけて、仲立ちの労をとったのだ。

茂吉は浅草医院の書生達に、東京弁であるムラサキ（醤油《しょうゆ》）、オカチン（餅《もち》）、ハバカリ（トイレ）などという言葉を教わりながら、やがて開成中学に通うようになる。在学中、文学に熱心な級友達の影響もあり、そのころから短歌を詠《よ》むようになったという。中学二年生で日本の精神医学のパイオニアともいうべき呉秀三《くれしゅうぞう》の『精神啓徴』を読み始めるなど神童ぶりは東京に来ても発揮された。

一方、輝子は、茂吉が上京した年の前年、明治二十八年十二月十一日、齋藤紀一の次女として誕生する。誰もこの二人が将来、結婚するなどということは夢にも思わない。紀一の頭にも茂吉をすぐ養子にするつもりはなかった。暫《しばら》く様子を見て、「もし出来が良かったら、まあ養子として考えてもいい」という位の気持ちであったという。

しかし、上京から九年たった明治三十八年、茂吉は輝子の婿養子として入籍した。その時、輝子はまだ九歳だった。

茂吉は輝子のことを「をさな妻」という一連の歌に詠んでいる。

をさな妻ほのかに守《まも》る心さへ熱病みしより細りたるなれ

三年後の明治四十一年、輝子は学習院女学部に入学した。第二十六回というクラスで、約六十人のクラスメートの中には、斎藤美代子（長與善郎《ながよよしお》の姪《めい》、駐米大使斎藤博夫人）、近衛《このえ》千代子（総理近衛文麿公爵《ふみまろこうしゃく》夫人）、二荒《ふたら》拡子（北白川宮家、二荒芳徳《よしのり》伯爵夫人）、渋沢チカ子（渋沢秀雄《ひでお》義姉）、徳川千枝子（陸軍中将徳川好敏《よしとし》男爵夫人）など、名家の令嬢が大勢いた。

当時、学習院女学部は永田町の閑院宮《かんいんのみや》邸（今の衆参議長公邸のあるところ）の隣にあり、輝子は青山から人力車で通学したが、電車で行く時は平河町で下車した。四つ年下の四女・君子ものちに学習院女学部に入学したので、二人は人力車に相乗りして通っていた。

輝子が入学した頃、乃木希典《のぎまれすけ》大将が学習院院長になり、様々な改革を行った。まず、「質素を第一とすべし」ということで、輝子の記憶によれば、銘仙《めいせん》以上の着物を着てはいけない、式典の時は紫の銘仙の紋付で、袖《そで》が二尺以下のこと、袴《はかま》は、それまで、琥珀《こはく》織りや塩瀬《しおぜ》で仕立てていたのが、必ずカシミア（今は上等の部類に入るが、当時は大したものではなかった）であること、風呂敷《ふろしき》は黒色、リボンは大きいのはいけない、体調の悪い時以外は人力車で通学してはいけない等々あり、輝子にとって厳しいものであった。乃木院長は必ず馬に乗って見回りにきたという。

学習院女学部での生活を送っていたある時、輝子は、『婦人画報』の「令嬢鑑」と題された写真ページに登場した。明治四十三年か、四十四年頃の写真で、顔よりも大きなリボンを頭の上に乗せ、派手な着物を着た十六歳くらいの輝子は、ギュッと唇を結んで真《ま》っ直《す》ぐにカメラを向いている。裕福に育ち、何に怯《おび》えることもない生意気そうな小娘である。

またある時には、別の婦人雑誌の写真ページにも掲載され、「王者の誇りをもった緋牡丹《ひぼたん》」と題された写真の説明文はこのようなものだった。

「青春の血汐《ちしお》凝《こご》りて牡丹となるとは、そも何国の諺《ことわざ》なりけん、緑も深き奥庭に、爛《らん》として照りはゆる王者の矜《ほこ》りよ。ドクトル齋藤紀一氏令嬢輝子（学習院女学部）」

当時の輝子の写真を見ると、艶《あで》やかな派手すぎるくらいの着物姿に肩までの長い髪で大きなリボンを結んでいる。このヘアスタイルは庇髪《ひさしがみ》というもので、当時、流行していた。輝子の艶《つや》やかな髪や、ふっくらした頬、強い意志を持ったつぶらな瞳《ひとみ》は周囲からチヤホヤされて育ったであろうと思われる雰囲気が漂う。文字通りの「お嬢様」

だが、輝子は他の令嬢たちが遊ぶような、あやとりや、お手玉などは好まなかった。馬に乗ったり、かけっこをしたり、水泳をする快活な少女だった。

輝子が十八歳になると、ついに茂吉と正式な結婚式をあげることになった。茂吉は未《いま》だ山形弁丸出しの田舎者で、すでに額も禿《は》げ上がり始めた三十一歳。お嬢様の輝子とは生まれ育ちが百八十度も違う田夫野人《でんぷやじん》とのバランスに欠けた結婚を、よくぞ輝子は承諾したと思う。

晩年、輝子に結婚のことを聞くと、こう語っていた。

「おばあさまはあまり覚えてませんね。婚約したのはまだ九歳でしたから。お父様が良いということに逆らうことはできませんでしたよ、昔でしたから。茂吉を高く評価していて、ご自分の後を継がせようと考えていたのでしょう」

結婚の前年には、芥川龍之介《あくたがわりゅうのすけ》が、「衝撃を受けた」と言った茂吉の第一歌集『赤光《しゃっこう》』が発表され、歌壇文壇の話題になっていた。また精神科医としても将来を嘱望され、東大精神科の出先である東京府立巣鴨《すがも》病院で院長の指導を受けていた。

その後、二人の間には長男茂太、長女百子《ももこ》、次男で私の父である宗吉《そうきち》（作家・北杜夫）、次女昌子《まさこ》と、四人の子供に恵まれることになるのだが、この家庭には次々と未《み》曾《ぞう》有の災難が降りかかることになる。

第一の災難は、大正十二年九月一日、正午少し前に起きた関東大震災である。この世の終わりかとも思わせるほどの大地震だった。浅草医院を引き継いで青山に建てられた近代的な洋館建築の青山脳病院（父の小説『楡家《にれけ》の人びと』の舞台となった敷地四千五百坪の大病院）だったが、赤レンガの塀がそっくりそのまま道路へ倒れ、屋根《やね》瓦《がわら》は全《すべ》て落ちた。腸チフスにかかっていた病院の運転手は、病床にいて足腰も立たず、食事も排泄《はいせつ》も寝たままだったのが、あまりの激震に、天井から物が落ちる中、必死で逃げ出したという。

茂吉は留学先のドイツ・ミュンヘンにいたので、当日、病院の留守をあずかる責任者は二十七歳の輝子である。長男の茂太はまだ七歳の子供だった。

近所ではあちこちで火災が発生したが、青山脳病院は火事にはならず、ローマ式建築の威容は保たれたが、余震がしきりにくるので、幼い茂太は恐《こわ》くて仕方ない。トコと母の後を付いて歩くと輝子に、「弱虫だわねえ」と嘲笑《ちょうしょう》されたという。

晩年、七十代の輝子は茂太とテレビに出演することがあったが、震災の話が出ると、「茂太はピーピー泣いてばかりいたんですよ。弱いったらありゃしない」

と、息子の情けない逸話を暴露した。

東京市内の大震災の被害は大きく、夜半になると下町で起きた火災は激しく燃え広がり、町中は真昼間のように赤々と照らされた。そのうち、「朝鮮人暴動」の流言が乱れ飛ぶ。すぐ隣の青山墓地には目の血走った男たち数百人が集まり、「攻撃準備!」だの、「井戸に毒をまかれた!」などという噂《うわさ》が流れて住民はパニックに陥った。青山脳病院の職員の中には抜き身の日本刀に向こうハチマキの勇ましい者もいたが、多くは戦々恐々として地に足がつかず、病院内の巡回にも出かけられない有様だった。

しかし誰かが病院を見回らなくてはならない。

「暴徒が潜んでいる」

「患者が暴れ出すのではないか」

いろいろな噂が飛び交い、しーんと静まりかえった暗闇《くらやみ》の病院を巡回するのは大の男である職員まで尻込《しりご》みする。

しかし輝子は、「みんなだらしないわね! ではわたくしが参ります」と、十文字にたすきをキリリとかけ、草履《ぞうり》を紐《ひも》で足に巻きつけ、着物の帯の間に短刀を挟むという勇ましい姿で、野外で燃え盛る火に照らされた病院内を一人で巡回した。身長一五三センチ、体重三十七キロの小柄な輝子が一人で、である。幸いにも病院は類焼を免《まぬが》れた。

その後、輝子は、父・紀一がドイツ留学の土産に持ち帰ったピアノ「Bechstein（ベヒシュタイン）」が焼失しなかったので、毎日のようにピアノを弾いていた。

すると、血相を変えて、町民達が怒鳴り込んできた。

「この非常時にピアノを弾くとは何事か！」

「わたくしは自分の気持ちを鎮《しず》めるために好きな曲を弾いているのです。ピアノを弾いて何が悪いのですか。あなた方もむやみに興奮しないで落ち着いている事が大切ですよ」

輝子は少しも慌《あわ》てることなく冷静に言葉を選んで諭した。怒鳴り込んできた町の人達は一言もなく、引き下がったという。

二つ目の災難はローマ式建築の威容を誇った青山脳病院が全焼した火事である。

大正十年に茂吉は精神医学研究のためにヨーロッパに留学したが、その留学が終わろうとする頃、好奇心旺盛《おうせい》な輝子は突如として、「わたくしも茂吉の後を追ってヨーロッパに渡りたい」と言い出した。今と違って飛行機で気軽に行ける時代でなく、船で何十日もかかり、費用も莫大《ばくだい》だった。まして若い女性が一人で海外に行くなど許されなかった。

しかし、輝子は強引に両親を説得し、船便の予約にまでこぎつけたのだが、関東大震災のために計画は頓挫《とんざ》してしまった。

震災後の青山脳病院の財政事情や世情から、誰もが輝子は諦《あきら》めると思っていたが、「一度決めたら何が何でもやり遂げる」という気迫で両親を説得。ついに輝子は大正十三年六月に旅立った。七月末、輝子はマルセイユに上陸し、パリで茂吉と合流する。茂吉は輝子を連れ、ヨーロッパ各地の精神病院をはじめ、美術館、博物館などを精力的に見学して回った。同年十一月三十日、二人はマルセイユ港を日本郵船「榛名《はるな》丸」で出航し、日本に向かう。インド洋、セイロン、ベンガル湾、シンガポール経由で、十二月三十日に香港《ホンコン》を出発。その晩、パーサーから、「東京で大きな精神病院が燃えた」という一報を聞かされる。

青山脳病院は十二月二十八日の真夜中に火災となり、ほぼ全焼。東京屈指の大病院は一夜にして灰燼《かいじん》に帰《き》した。

日本にようやく帰国した茂吉と輝子を待ち受けていたのは病院再建の重責だった。茂吉が必死で集めた文献は全て灰になってしまった。さらに青山周辺の住民から、「病院再建反対」の声が上がり、マスコミもそれに同調した。しかも火災保険が切れていたこともあり、多大な負債がそのまま茂吉の肩にのしかかる。ついには高利貸しからも金を借りる始末で、茂吉は高利貸しからの返済要求や住民との電話応対に追われる苦難の日々を送ることとなった。

茂吉は金策のために長崎まで行脚《あんぎゃ》し、その苦悩は歌にも詠まれた。

うつそみの吾《われ》を救《すく》ひてあはれあはれ十万円を貸すひとなきか

青山での再建が進まない中、大正十五年四月、ようやく東京府下（現世田谷区）松原村に青山脳病院を復興させた。以来、その病院を本院と称し、青山の焼跡に建てた小病院を分院とした。

昭和二年五月一日には私の父である次男の宗吉が生まれる。

病院炎上の打撃で輝子が敬愛した父・齋藤紀一はすっかり衰えてしまった。齋藤家は茂吉を中心に想像を絶する苦労の日々を送らざるを得なかった。

さらに三つ目の大きな災難は昭和二十年五月二十五日の東京大空襲だった。その夜、自宅にいたのは輝子、長男茂太の妻・美智子《みちこ》、私の父・宗吉、父の妹・昌子、そして病院には看護婦長と薬局長と看護婦の三人だけだった。日本医療団というものができて、世田谷松原の本院は都が強制買い上げして、都立松沢病院の分院となり、青山の分院の入院患者は他の病院に転院させられており、無期休院になっていた。

連日の空襲で疲れ果てて布団《ふとん》に入り、ちょっとまどろんだ頃に警戒警報が鳴った。それはたちまち空襲警報に変わった。B29の編隊は東京の西南部を攻撃し、空から雨あられと焼夷弾《しょういだん》を落とした。病院にいた者は全員大慌てで防空壕《ぼうくうごう》に避難した。壕の中が次第に熱くなり、火が近づいてきたのを感じる。

「このまま中にいると蒸し焼きになってしまう！　防空壕の外に出よう」

「いや、B29が上空にいるからまずい！」

全員が防空壕で息を潜《ひそ》めている中、輝子は懐中電灯をつけて謡《うたい》の本を読んでいる。あまりに冷静なその姿に父は仰天したという。

B29の爆撃は刻一刻と近づいてきて、あっという間に自宅の上で大爆音が起こった。

「家が焼けた！」

父が大慌てで立ち上がって見に行こうとすると、輝子は「宗吉、チョロチョロするのはおやめなさい！」と一喝した。

ついに、防空壕の中にいても熱さを感じ、このままでは蒸し焼きになって死んでしまうというので急遽《きゅうきょ》、避難することになったが、「明治神宮表参道方面に逃げろ！」「あっちが安全だ！」と様々な声が群衆の中に広がり、一種の集団ヒステリー状態になった。人々は「青南小学校に駐屯《ちゅうとん》していた兵隊もいなくなった」と言っているのを聞いてパニックになったが、輝子は冷静に判断し、群衆の流れに逆らって踏みとどまった。いざとなったら近くの青山墓地の飛び地の立山墓地に避難すればいい。人々の声に動かされる危険を、その瞬間に察知したのだ。

青山一帯は焼け野原となり、長年仕えていた渡辺婦長が泣き崩れた。

「大奥様の美しいお着物がすべて焼けてしまって……」

しかし輝子は、「きれいさっぱり焼けて、かえってさばさばしたわ」と、ヘッチャラだった。

東京大空襲の翌朝、父が表参道に様子を見に行くと、原宿方向へ逃げた多くの人々は火にあおられて何十人もが折り重なって死んでいた。真っ黒に焦《こ》げた死体が山積みで、人々は黙々と片付けていたという。

輝子は関東大震災や東京大空襲のように、何か大事件があると冷静沈着で即座に判断する力を持っていた。それは豪胆とも呼べる気質だった。

後年、水産庁のマグロ調査船「照洋丸」が出航直前まで船医が見つからず困っているという話を父が聞きつけ、応募して即座に採用された。当時、海外旅行は自由化されておらず、役人や商社マンなど、ごく一部の人達しか海外に行くことができない時代だった。父は一度は外国に行ってみたいという夢をもっていた。ところが、出航まで三日間しか余裕がない上に、わずか六百トンの船で北ヨーロッパまで行くのである。折しも父は慶応の医局に就職が決まった時で「そんな危険なことは絶対やめるように」と伯父や伯母は猛反対した。

しかし輝子だけはケロリとして言った。

「あら面白いわね。行ってらっしゃいよ。男の子というのは、若いうちはどんどん苦労しなきゃいけませんよ」

結局、輝子のその一言で事が決まり、父は医局の職は後輩に譲って出航を決意した。世界各地を回った後、ドイツのハンブルクの港に着き、三菱《みつびし》商事ハンブルク支店長の家に立ち寄り、支店長の娘だった母・喜美子《きみこ》と出会った。それがきっかけで、帰国後、二人は結婚することになる。

その航海の顚末《てんまつ》が、『どくとるマンボウ航海記』となって出版されたのであるが、輝子の一言がなければ生まれなかった作品だ。そう、何より私が生まれていなかった。

その「マンボウ航海」は昭和三十三年の十一月から昭和三十四年にかけて、寄港地は十ヶ国だった。そして伯父の茂太も、父の帰国のひと月ばかり後、ヨーロッパの精神衛生事情の視察で海外に行っている。好奇心旺盛な輝子は息子たちの海外旅行が羨《うらや》ましくて仕方ない。

しきりに伯父や父達にぼやくようになる。

「あなた達はまだ若いから、いくらでも機会があるでしょ。でもわたくしはいつ死ぬかもわからないから、今のうちに行っておかなくちゃ」

ついに輝子は夫茂吉の死後七年目、突如として外国旅行に飛び立った。

昭和三十五年九月、六十四歳の高齢にもかかわらず、南回りで、中近東、イタリア、ドイツ、オランダ、イギリス、フランスに行き、北極回りで帰国した。この時点でも、海外渡航は自由化されていなかった。輝子は「外国の精神病院の視察をする」という名目で書類を提出し、渡航審議会の許諾を得て、まんまと日本脱出を図り、ヨーロッパの美術館めぐりに明け暮れたのである。

その後、輝子は恐ろしい勢いで海外に行くようになり、七十九歳の時には医者が止めるのも聞かず南極に立ち、八十歳でエベレスト山麓《さんろく》、八十一歳でエジプト、八十三歳でアラビア半島、フィジー諸島、八十五歳でジンバブエを訪れた。
輝子が訪れる海外の地は、ニューヨークやロンドン、パリといった大都市ばかりでなく、アフリカやインド、ペルー、アマゾン、ガラパゴス、ブータン、メソポタミアなど、世界の秘境を好んだ。それまで入国不可能だったモンゴル人民共和国で、初めて外国人旅行者を受け入れるというので、日本交通公社が企画した第一回目のツアーに参加したこともあった。

今でこそ海外旅行は当たり前の時代だが、輝子が海外に行き始めた頃は持ち出せる外貨が五百ドルまでで、一般の人がようやく自由に海外旅行に行けるようになった時代。まだ『地球の歩き方』のようなガイドブックもなく、日本交通公社の社員ですら初めて行くという世界の秘境に、取り憑《つ》かれたように飛び立った。晩年も、ハワイ、タイ、セイシェルに行き、八十九歳で亡《な》くなるまで、なんと海外渡航数九十七回、世界百八ヶ国を訪れた。実に地球三十六周分の旅をした計算になる。

今、晩年の輝子の写真が手許《てもと》にある。昭和五十一年十月、エベレスト山麓にいる時の写真である。真っ白なエベレストをバックに真っ赤な防寒着を着て、毛糸の帽子をかぶり、黒いサングラスをかけている、八十歳の輝子は満面の笑みだ。体重三十七キロで体は華奢《きゃしゃ》なのに精悍《せいかん》なオーラを放ち、当時のマスコミなどから「猛女」と呼ばれるにふさわしい容貌《ようぼう》である。

私は、この「猛女」というフレーズが好きだ。

どんな逆境にあっても猪突猛進《ちょとつもうしん》して状況を打開する。お嬢様育ちにもかかわらず、どんな局面でも弱音をはかない、めげない、落ち込まない、こびない。

何故《なぜ》、大病院の令嬢として生まれ育った女性が、平然と戦争の恐怖を乗り越え、戦後の生活難を乗り切ることができたのか。しかも年をとってからの旅行は、いくら好奇心旺盛だといっても、足腰が弱くなり、移動にも苦労が多いだろう。気力だけでなく体力も必要だ。どうしてそこまで旅行がしたかったのか。

輝子が亡くなった昭和五十九年十二月十六日、私は大学四年生だった。一人娘としてのんびり育ち、まだ仕事のつらさも人間関係の苦労も何も知らなかった。だから輝子が生きてきた苦労や悲しみが何も分からず、ただの「おばあちゃま」として接してしまった。祖父・齋藤茂吉のことも戦争の話も聞かないまま、ボーッと過ごしてしまったのだ。重要な事を何も聞かないままに祖母は逝《い》ってしまった。

輝子と同居していた伯父の茂太は、「輝子は、何かことが起こると『強くなる』」と語っている。どのようにしてこんな「猛女」が出来上がったのだろう。天真爛漫《らんまん》で自由奔放、超マイペースであった輝子の強さの秘密はどこにあるのか。

ところが輝子のことを思い出そうとすると、痛恨の極みの出来事がある。私は小学校一年から大学四年まで日記を毎日付けていた。それには両親との思い出や、昭和五十六年九月、私が大学一年の時、輝子と母とでハワイに行った様子や、昭和五十七年四月十二日から輝子と両親とタイのバンコクに旅行したこと、翌年三月二十六日にインド洋西部のセイシェル諸島に行った時の様子も記してあった。レストランや機内で食べたものを詳細に記録していたし、父が躁病《そうびょう》になって母を怒鳴ったことや、父の話に家族みんなが食卓で笑い転げた様子も書き留めてあった。

しかし、就職が決まった時、その日記を見ながら、「将来、もの書きになるわけでもないし、邪魔なだけで何の役にも立たないな」と思って「燃えるゴミ」に出してしまった。今、その時の日記があったらどんなに良かっただろう。まさかこの年になって、私が齋藤輝子のことを書くとは夢にも思わなかった。将来、会社員として地に足のついた生活をするためには、学生時代の甘い気持ちを書いた日記など邪魔になるだけだと思ったのだ。

仕方がない。私は自分の記憶の断片をつないで、輝子の謎《なぞ》に迫ることにした。

第一章

輝子と父の物語

昭和42年頃、輝子と茂太（右）、宗吉＝北杜夫（左）

輝子の好きな人——黒柳徹子さん、兼高《かねたか》かおるさん

父も年を取り、めっきり衰えてきた。私はその様子を見ながら、人間は老い、そして死んでいくものだ、という当たり前のことがようやく分かるような年齢になった。人の生涯で出会える人の数は限られている。年を重ねれば重ねるほど、気のあった人達との思い出が、かけがえのないものになっていくのかもしれない。

輝子は人の好き嫌いが激しかった。とりわけ権力を笠《かさ》に着た品性のない人と会うと、その後、「おばあさまの嫌いな人は必ず没落するの」と言った。その言い方に私は、「おばあちゃまらしい」と、いつも感服した。反対に、好みの人は一流の人。何ものにもおもねらない機智《きち》に富んで感受性の鋭い人が好きだった。

なかでも黒柳徹子さんはお気に入りの一人だった。テレビ番組「徹子の部屋」には

都合三回も出演した。幸いなことに録画したビデオが残っていたので、私は何十年ぶりかで見る事ができた。輝子が亡《な》くなった後、その肉声を聞くのは初めてなのでちょっと緊張した。

それは昭和五十七年十二月七日にテレビ出演したもので、私は大学二年だった。

黒柳 今日のお客さまは、私はもう大ファンでございます。何しろ日本の女性というものがこんなに素晴らしいものか、ということを身をもってお示しくださっている。八十七歳で、まだ一年の半分は外国旅行をしてらっしゃる。八十七歳と大きな声で申し上げてなんですが、私に「あなたのおぐしを見ていると和《なご》むわ」とおっしゃってくださって、今はちょっと笑っていたんです。

輝子 本当なんですもの（笑）。

黒柳 「本当なんですもの」とおっしゃっているんですけど（笑）。大変なお年になってからマウンテンゴリラを追いかけたとか。とにかくバイタリティーの塊でいらっしゃいますけれども、齋藤輝子さま、今日のお客さまです。ようこそ。

輝子 しばらくだったわね。

黒柳 本当に、でも、お元気ですね。

輝子　あんまり元気でもないのよ。ちょっとここ二、三日、風邪ぎみだった。今ちょっと熱があるんだけどね、約束を守らなきゃいけないという主義でしょ、わたくし。だから、少しぐらい無理しても出てきちゃった。
黒柳　ありがとうございます。
輝子　わたくし、好きな人と話していると元気になっちゃうのよ。
黒柳　あら、嬉《うれ》しい。
輝子　嫌な人とだと、もう死んだようになっちゃう。
黒柳　じゃ、私は大変光栄に存じております。ご主人の齋藤茂吉《もきち》さんが生誕百年で、随分たくさん翻訳されてもいるということで、今年はそのことでも随分外国にいらしたんですってね。
輝子　今年はそれで忙しかったの。山奥の村まで祝ってくれましてね。オーストリアとかドイツの。それで、昔下宿していた所とか、学校とかは無論ですけどね、随分歩きました。
黒柳　何かワラビもお見つけになったんですってね。
輝子　ええ、茂吉がワラビを採りに行ってね。外国に行っても、おみおつけを食べたいと思うでしょ。それで茂吉が作ろうとしてそのワラビを採りに行った所へも行ってきたの。そうしたら、ちゃんとワラビがあったの。食べなかったけどね、ごちそうがたくさん出たから。

黒柳　日本では歌人でも、向こうは詩人と言う。そういう歴史上の人物のような方の奥さまが、こうやってご健在というんで、皆さん、びっくりなさいませんか？

輝子　割にみんな、詳しいことを知らなかった。わたくしなんか、もう死んでいると思っていた方が多いのよ。でも、ほうぼうで歓迎してくださった。随分山奥まで行きましたけどね。わたくしを乗っけた運転手が、「私もあちこち行きましたけど、こんな山奥にドライブしたのは初めてです」なんて。

黒柳　輝子さまが「山奥」とおっしゃるのだから随分山奥でしょうね。でも、そういう所で茂吉さんの関係の方がいらっしゃるの？

輝子　村中総出で歓迎してくれたの。村の人がブラスバンドまで作ってね。わたくしと長男の茂太《しげた》と嫁も行ったんだわ。そんな歓迎会があるなんて知らなかったから普段着でね。そういう山奥の村だから、なおきちんとした会にしたんでしょ。大変な歓迎で本当に感激しました。

黒柳　よろしゅうございましたね。

輝子　あちらでは日本と違って芸術家を随分と尊重致しますからね。その点もだいぶ違うでしょ、茂吉は普通の旅行者と違いますからね。それに長くおりましたし。

黒柳　茂吉さんとは十三、お年が違うことになるの？

輝子　そうなの、一回り。だから、普通ならわたくしも今ごろ死んでいるわけだけど、茂吉の家内とすれば。

黒柳　三十年前に茂吉さんがお亡くなりになったそうですから、七十歳でお亡くなりになったの？

輝子　そうなの。今考えれば割に若かったですね。今、皆さん長命だからね。文豪だって九十歳なんていうのもいます。

黒柳　でも、そうしてみるとご主人は七十歳で惜しかったですね。

輝子　今考えれば短命みたいに思えますけどね、あのころは七十歳なんていったら、それほどじゃないのよ。

黒柳　輝子さまはお小さい時にはご主人だった方が……。

輝子　茂吉が。

黒柳　「茂吉が」とおっしゃるけど（笑）。茂吉さんが、おんぶして学校なんかにいらっしゃったとかって。

輝子　学校には行かないのよ、うちの中でよ。

黒柳　うちの中で？

輝子　うちの中とか茅ヶ崎《ちさき》とかに遊びに行った時におぶったの。

黒柳　それは輝子さまが小さかったからなの？

輝子　そうなの。

黒柳　そういうことがあるから、「茂吉が」と今おっしゃったみたいに、ちょっと強い奥さまのように思っていらっしゃる方も多かったでしょう。

輝子　だけどね、昔は兄妹《きょうだい》みたいにして育てられましたからね。

黒柳　それでもご主人のことをいつか、「あの人は神様みたいな人だった」とおっしゃったのね。私、とても印象が強いんだけど。

輝子　あら、そう。茂吉は本当に純粋な人ね。その代わり、かんしゃく持ちですぐに手が上がるの。それでも随分、使用人やなんかには尽くしましたしね。貧しい人にはとてもよく尽くしたの。わたくし、涙が出るような話がたくさんあるの。あの人は権力者が大嫌いだったでしょ。なのに、ほうぼうからいろいろなものをお頼まれするでしょ。そうすると色紙とか短冊《たんざく》とか、二年でも三年でも積んだままなの。お頼みした方があきれ返っちゃって。「先生ね、あれはうちの家宝にする色紙だから何とかしてください」なんて、間に入った人を介して幾度も催促に来る。

黒柳　それでもお書きにならないの？

輝子　それも気に食わなきゃ書かないのよ。でも、貧しい人には何も言わないでも、ちょっと手元にある短冊に一首書いてあげるんです。それで、わたくしが「あんなに書くのを嫌がっていらっしゃるのに」と言うと、「あれが生活の足しになるんだから、それが一番嬉しい」と。だから、本当に権力にはおもねらなかったし、貧しい人には本当によくしてあげたわ。

黒柳　まあ、素晴らしい。

輝子　それで、わたくし、いつでも偉い人だなと思っていました。

（以下略）

あまりに楽しそうな輝子の会話、そしてその独特の語り口調に思わず引き込まれてしまう。亡くなるちょうど二年前なのに、一体どこからこの元気が出て来たのだろう。ビデオテープからそのまま短い抜粋をしたが、それだけでも輝子のユニークな語り口と愛らしい人柄がよく現れている。それはやはり聞き手の黒柳さんが、輝子を理解し愛してくださったからだろう。そこで黒柳さんに、生前の輝子の思い出を伺いたいとお願いすると、快諾してくださった。

赤坂にあるANAインターコンチネンタルホテル東京のティーラウンジでの待ち合わせとなった。私はお目にかかるのは初めてで緊張していた。ほどなく超有名人の黒柳さんがお供もつけず、お一人でいらした。テレビと同じ髪型にパッチリとした大きな瞳《ひとみ》、ピカピカの肌。あまりに華やかな雰囲気に周りのお客様がチラチラと見るが、それを気にすることもなく、私を見据える真《ま》っ直《す》ぐな視線に圧倒される。

黒柳さんはテレビと同じ早口で語り始めた。

「私、あなたのおばあさまのことは〝輝子さま〟ってお呼びしていたんですけれど、最初は雑誌のインタビューでお目にかかったの。その後、お宅に伺ったこともありますけど。いくつかの本とかの対談のゲストとして来ていただいたりもしましたの。『徹子の部屋』には一年の前半と、それからどこか海外へ旅行なさった後にもう一度という具合で、一年のうちに二回も出ていただいたこともあって、私も輝子さまにお目にかかるの、すごく楽しみだったんですね。

輝子さまはね、私のことを、『あなたに会うと、和むわあ！』っておっしゃってくださったの。これには、私、ビックリしちゃって。というのは、私はご存じの通りよく喋《しゃべ》りますし、周りの人からは『うるさい』とか、『あなたがいると落ち着かない』

と言われ続けてきたので、『和むわあ！』なんて言われたのは初めてだった。私の顔を見て、『本当に和むわあ』って、そんなこと言ってくださったのは生涯で輝子さまだけです。嘘《うそ》がつけなくて正直で、昔の女学生のような純粋さがある方なのね」

黒柳さんはいかにも嬉しそうに、こう語り始めた。私には輝子が何故《なぜ》、黒柳さんに会うと和むわ、と言ったのか分かるような気がする。黒柳さんもまた、昔の女学生のような純粋さを持ち合わせた方だからだ。「祖母と話していて、一番印象に残っていることは何ですか」とありきたりな質問をすると即座に答えが返って来る。

「思い出しておかしいのは、何かお話を始める時に『あなた、ごぞんじぃ？』っておっしゃることね。独特の言い回しで、『あなた、ごぞんじぃ？　エベレストに新しいホテルができたのよ』。もちろん、そんなこと、私はごぞんじじゃないんですけれどね。ずいぶん海外のあちこちへご旅行なさってたでしょ？

アフリカまでマウンテンゴリラを見にいらしたこともありましたね。ゴリラを見るには現地のピグミーのような原住民がガイドをしてくれるって言うんで、ヒマラヤの時みたいに荷物を持たせて、おんぶもしてもらおうとしたら、輝子さまより小さくておぶさると可哀想《かわいそう》な感じになっちゃうんで、『仕方ないから諦《あきら》めたの』っておっしゃっていました。

それでも手をひいてもらって、遠くからマウンテンゴリラの姿を見られたそうですけれどね。『原住民にお弁当のゆで卵やバナナをあげたら、ご馳走《ちそう》を貰《もら》ったと、ずいぶん喜んだのよ』なんて、また得意そうにおっしゃる。

七十九歳で南極へいらしたでしょ？　着いたら大きい船から、さらに小さいボートに乗り移らなきゃいけないというんだけれど、船がずいぶんと揺れてなかなか降りられないのを一緒に参加していた小松左京さんが傍から見ていて、『火の玉があっちへ飛んだり、こっちへ飛んだりしてるみたいだった』って。輝子さまは真赤でふわふわの防寒コートをお召しだったから、火の玉みたいに見えたっていうの。目に浮かぶようだわ。それと輝子さまはよく、『わたくし、骨と皮ですから』とおっしゃるのね」

「そうそう、祖母は本当に華奢《きゃしゃ》なんですよね。私もその科白《せりふ》はよく聞きました」

「『骨と皮ですから、いつどこで死のうと構わないの。でも何かあったら自分が困って茂太に言われているし』って。それはそうよね。ロシアにいらした時、向うで倒れて茂太さんが飛んでいらしたことがありましたでしょ。輝子さまはお好きになさっているんだからいいでしょうけれど、周りの人たちは大迷惑ですものね」

「あの時は、本当に伯父もウチの父も、もうダメだと観念したんです」

「そうでしょうね。輝子さまは、ちょっと普通の日本人が行かないような所ばかりがお好きでしたからね。その点がご家族にとったら心配の種ですものね。なにより亡くなる前の年まで世界を飛び回っていらしたんですから、今の自分の年齢と考え合わせても、やっぱり凄《すご》いなと思います」

そして黒柳さんは、祖父との因縁まで話してくださった。

「そもそも、私は茂吉先生とちょっとしたご縁があって、昭和二十八年にＮＨＫ放送劇団に入団してＮＨＫのテレビ女優第一号と言われたりしていたんですけれど、そこで伊馬春部《いまはるべ》先生の『虹《にじ》の断片』というお芝居に出たんですね。疎開《そかい》しておりましたから、東北弁を話せるからということで指名されて、茂吉さんの家の女中さん役をやったんです。茂吉さんが心を許した若い女中という設定で。後年、茂太さんにお目にかかったら、『いや失礼だけれど、あなたは本当にうちでずっと女中をしていらしたような気がする。あれは良かった』っておっしゃってくださいました。

茂吉さんと輝子さまは長く別居暮らしでいらしたし、一緒の時は、茂吉さんが輝子さまに手を上げることもあったそうですね。私も詳しくは知りませんけれど、『ダンスホール事件』ですとか、ああいうことも本当にあったんでしょう。でも、輝子さまは『茂吉は神様のような人でした』ってくり返しおっしゃっていて、私はそれが、ものすごく印象に残っているんです」

黒柳徹子さんの流れるようなお話に、私はただただ聞き入っていた。その声を聞きながら、まるで輝子に会ったかのような感動を覚えた。思わず「いろいろと輝子のことを覚えていて下さって有難うございます」と、頭を下げた。

そして生前の輝子の写真を数枚取り出した。齋藤家の集合写真や、輝子と一緒に出かけたハワイやバンコク、セイシェルなどの旅行先で撮った写真であった。

「これはセイシェルに行った時の写真で、輝子が大きな亀《かめ》の背中に乗っています。これが最後の海外旅行でした」

「そうそう、これ輝子さまね。お若いとき、すごく綺麗《きれい》だったと思うわ。最晩年の旅行がセイシェルなの？　その時、由香さんはもう大学生でいらしたの？　そう、おばあさまのこと、お好きだったでしょう。輝子さまはあなたの話をする時、『すごく可愛《かわい》い孫の由香が』って嬉しそうにおっしゃっていたわ。そういう言い方なさるから、てっきり私はもっとちっちゃいお嬢さんだと思い込んでいたんですけれどね」と黒柳さんは笑われた。

もう一人、輝子が大好きだった人に、輝子も感嘆するほど世界中を回られた、旅行家の兼高かおるさんがいる。

輝子の思い出を伺いたいとインタビューを申し込むと、六本木にある「東京アメリカンクラブ」を指定された。そこにあるスパに通われているという。

スパの前なので、カジュアルなパンツ姿でいらっしゃるものと思っていたら、鮮やかな濃いピンク色の上下のスーツに華奢なハイヒールを履いた兼高さんが現われた。

数年前、豪華客船「飛鳥《あすか》」でちらっとお目に掛かって以来である。日本人離れした彫りの深い目鼻立ち、エキゾチックな雰囲気、真っ直ぐな足、美しく手入れされている真っ黒な髪。

その意志の強そうな瞳を見ながら、「ああ、この瞳を輝子は好きだったのだな」と思った。

「初めてお会いしたのは、昭和四十六年頃のデパートなんです。当時、私はデパートに輸入キッチン用品のお店を出していたことがあって、そこへいらしたんです。今でもはっきり覚えていますよ。品のいい、お着物姿の凜《りん》とした女性が、スッスッと人ごみの中を歩いていらっしゃるの。そして私の前へ来てニコッと微笑《ほほえ》むと『南極はどんなところなの？』。スパッと本題に入られたのよ。

私は昭和四十五年に南極点へ行っていたので、輝子さんはそのお話を聞きにいらしたの。でも、私は取材でアメリカの基地に泊って、アメリカの飛行機で南極点に行っていたので、『行きたい』とおっしゃられても旅行者は同じようにはいかない。そう申し上げたら『あ、そう』という感じでお帰りになっちゃった。

その後、杉並にあるヨーロッパの邸宅のようなレストランでフランス料理をご馳走になったり、お宅にもお伺いしました。その時、茂太先生が輝子さんに『お母様、お寒うございます。これを羽織られたら如何《いかが》ですか』とショールを持ってこられたのです。あの堂々たる体格の、白髪の院長が、小柄なお母様への敬語と心遣い。母と息子のあんな美しいマナーは日本では二度と見ることが出来ないでしょう」

いかにも輝子らしいエピソードを愛情を込めてお話しになる兼高さんに、一緒に旅行をしたことはなかったのか尋ねた。

「それはなかったですね。ただ、輝子さんとは旅のスタイルが似ていたので気が合ったの。昔、テレビで森繁久彌《もりしげひさや》さんの奥様と輝子さんと私で旅の話をした時も、森繁さんがホテルのお部屋にルームサービスをとって召し上がるのが好きだとおっしゃったら、輝子さんは『わたくしはそういうの嫌《いや》！』って。私も雰囲気のいいダイニングでいただく方が好きなので意気投合したんです。唯一《ゆいいつ》意見が合わなかったのはお米ね。

輝子さんはどこでもお米が食べたい方で、私は現地の食事を選ぶタイプでしたから」

本当に兼高さんと輝子は気があっただろうな、と思った。私はあえて「なにか祖母のわがままに呆《あき》れたことはありませんか?」と問うた。

「周りの方々は輝子さんのことを『わがままだ』とおっしゃるけれど、輝子さんの場合は正直なんですね。正直でいるのは、とても勇気とエネルギーのいることなんですよ。相手がクイーン・エリザベスⅡ号だろうが、なんだろうが、まずいものが出てきたらハッキリまずいと言う。向こうも勉強になりますしね、それは素晴らしいことだと思うんです。

私、輝子さんが亡《な》くなられたとき、日本にいなかったから知らなかったんです。帰国してから訃報《ふほう》を聞いてびっくりして。……ごめんなさい、ちょっと思い出して……」

何と兼高さんは私の前で泣いていらした。大きな瞳からぽろぽろと涙がこぼれる。私はどうしていいかわからず、うつむいていた。いつのまにか降り出した雨の音だけがラウンジに響く。

「……ごめんなさい。茂太先生がお話しされた輝子さんのスーツケースのことを思い出してたの。亡くなった後に輝子さんのスーツケースを見たら、お薬から洋服からパスポートに虎屋《とらや》の羊羹《ようかん》まで、すぐに旅立てるように用意されていらしたんでしょう。私も分かりますけれど、未知の世界を見ることで受ける刺激は本当に気持ちがいいんですよ。輝子さんは昔のお嬢様だから、あまり自分の才能を外に出す機会がなかったんじゃないかしら。日本では発揮しにくい才能が海外に出たときに発揮できて気持ち良かったんだと思いますよ。

写真でご覧になったかもしれないけれど、昔の青山脳病院の建物はまるでシャトーなんですよ。輝子さんはそこで育ったお嬢様なのにも拘《かか》わらず、第二次大戦後、男どもが悄然《しょうぜん》としてる中でいきいきと活動していた。茂太先生から聞きましたけど、輝子さんはそれまで行ったこともない銭湯にもさっさと行かれたそうです。常に我が道には光ありで、諦めない、判断が早く、即実行。何でもする、出来る、そして凛としている本物のレディです。

だから私はいつも輝子さんのことをファーストレディとお呼びしていたんです。まさに世界のファーストレディのレベルでした」

兼高かおるさんがファーストレディとおっしゃって下さった、という話を父にしたら「半分以上、お世辞《せじ》だろう」と笑った。

ある夏の日、突然、軽井沢にやってきた輝子を思い出す。

午後のひととき、赤茶色の別荘のバルコニーで父母と輝子と一緒に紅茶を飲んだ。三十七キロしかない細身の輝子は真っ白なワンピースがよく似合う。紅茶を飲む姿は、ソーサーとカップを膝《ひざ》の上に乗せ、背筋をピンと伸ばして実にエレガントだった。クッキーを口に入れる時も、そのシミひとつない手と華奢な指の動きに見とれた。木漏れ日がキラキラと輝き、高原の爽《さわ》やかな風にレースのカーテンが揺れる。

隣家の広大な別荘の苔庭《こけにわ》はビロードのようで、その苔庭を小リスがクルミを持って走り回っているのを見つけた時の輝子のいたずらっ子のような目。みんなで楽しく笑いあった時間。父も母もみんな元気で若かった――。

感傷的になった私は、父に小学生のような質問をした。

「パパは、茂吉おじいちゃまと輝子おばあちゃまが天国で仲良くやっていると思う？　みんなでまた天国で会えるよね」

「死んでも、天国なんてないから」

父は寂しそうに小さな声でつぶやいた。

目を閉じると、やわらかな春の陽《ひ》ざしの庭で、三歳の私が父の押すブランコに乗っている。母の手作りのワンピースは短くてお尻《しり》のパンツが見えそうだ。母は笑っている。庭にはバラやチューリップが咲いている。門の外で車の音がすると、「あっ、輝子おばあちゃまがいらした」と私は走っていく。真っ白なマルチーズのコロが私を追って、ワン、ワンと吠《ほ》え、着物姿の輝子は車から降りたところだった。

「ごきげんよう」

凛とした美しい立ち姿。

私は、心の底から輝子に会いたくなった。

アフリカ二ヶ月の旅

昭和三十五年、父と母が結婚する前年に、輝子はアフリカ、ギリシャ、イタリア、スイス、ドイツに観光旅行した。前述したように日本では海外の渡航も自由化されていない時代である。

母は、「まだ誰も自由に海外旅行に行けない時代に海外にいらっしゃるなんて、何て凄いお義母《かあ》様なのかしら」と、不思議だったと言う。

昭和三十七年、六十六歳の輝子は二月から四月に南米・北米旅行へ行った。四月九日に私が生まれると、翌日すぐに慶応病院にアメリカ土産をもって駆けつけてくれた。

それはブロンズヘアのバービー人形のようなものだった。

産科病棟にいた母は、「嬉《うれ》しかったけど、まだ由香が生まれたてで本当に小さかったのにあんな大きなお人形を持っていらして、あっけにとられたわ」と笑う。

輝子は新宿・大京町《だいきょうちょう》の齋藤病院で茂太の子供達と同居していたが、孫をかわいがるより、海外旅行や歌舞伎《かぶき》見物、友人らとの会食や、謡《うたい》の稽古《けいこ》に忙しかった。あまりに元気で、「おばあちゃま」としての意識がなかったのではないだろうか。

それとは対照的に、生前の茂吉は長男の茂太に子供が生まれるのを、それは楽しみにしていたという。

茂吉は山形の疎開先から、「孫はまだか」とさかんに催促して伯母の美智子《みちこ》を困惑させた。初孫である茂一《もいち》が誕生し、山形に疎開している茂吉に電報で報告をすると、すぐに茂吉から返電がきた。

「オオテガラ　チチノヤマイナオル」

初孫をこんなにも喜んでくれるのかと美智子は感激した。茂吉の孫に対する愛情はすさまじく、大喜びで歌を詠《よ》み、その日記には、連日、茂一の名前が登場している。

孫の茂一が廊下で滑って転ぼうものなら大変で、家中の者を動員して廊下に砂をまいてニスを取らせ、滑らないようにした。父も「茂吉おじいさまの孫のかわいがりようは異常だったね」と苦笑する。

　昭和四十一年春、古稀《こき》を過ぎた輝子は世田谷松原の私の家に遊びにくると、しきりに父を旅行に誘った。

「わたくしもいつまで生きているかわからないから、宗吉《そうきち》、一度海外にお供なさいよ。茂太は病院が忙しいと言うし。来年、インドとか中近東、ケニア、タンザニアはどうかしら。後学のために、あなたも海外をもっと見ておいたほうがいいわよ」

　輝子の頭の中は海外旅行のことだけだった。この数年、輝子の海外旅行熱はさらに拍車がかかって、前年、春にハワイ、夏にタヒチ、フィジーへ行ったばかりだった。

　戦後、日本人が初めて海外旅行へ出かけるようになった頃、羽田空港では見送りの人がデッキに並び、「万歳！　万歳！」と叫んだりしたそうだが、父も母も、二、三度、羽田空港に輝子を見送りやお迎えに行ったことがある。

「羽田空港におばあちゃまをお迎えに行って、いつも不思議だったのは、飛行機が着陸して、ドアが開くと真っ先におばあちゃまが降りていらっしゃるのね」

　と、父が言うと、母も昔を思い出して懐《なつ》かしそうに笑う。

「おばあちゃまが、いつもドア近くの席に座っていらっしゃるはずがないから、パパと『きっとおばあちゃまはスチュワーデスさんの止めるのも聞かず、さっさと立ってドアのところで待っていらっしゃるんじゃないかしら』と言っていたのよ」

輝子が海外から帰国するとなると、最初の頃こそ、羽田空港に迎えに行っていたが、そのうち父達は行かなくなった。輝子があまりに元気で出迎える必要はなかったし、何よりも海外渡航の回数が加速度的に増えたからである。

さて、輝子は父をしばしば旅行に誘っていたが、ついには古稀の祝いの席で「わたくしが死ぬ前に親孝行をしておいたほうがいいわよ」と父を脅《おど》すようにして、勝手に旅行を決めてしまった。

昭和四十一年、輝子が七十歳、父が三十八歳の時である。

輝子が申し込んだツアーは、インド、中近東諸国の古跡めぐりに、ケニア、タンザニアを回る二ヶ月もの長い旅行だった。この旅行社の社長が大のアフリカ好きで、日本人団体のツアーとしては初めてのアフリカ行きということであった。

この「初めて」という言葉に好奇心旺盛《おうせい》の輝子が喜んだのである。当時、アフリカのガイドブックはほとんど出版されておらず、情報も皆無であった。

「七十歳のお母様には二ヶ月の過密なスケジュールは辛《つら》かろう」と、父は同行を決意したが、団体旅行は初めてだった。旅程はツアー客にできるだけ多くの土地を見せるために、毎日ホテルが変わり、朝の出発が早い。原稿を夜中に執筆する夜型の父にとっては早朝の起床が一番こたえた。

しかも二ヶ月間の旅行はあまりに長い。父は輝子の世話を焼くつもりで行ったのが、かえって世話をされる羽目《はめ》におちいった。そのうえ輝子は超せっかちで、時間に厳格である。集合時間の二十分も前にはロビーに行こうとし、父がタバコを吸ったり、ノロノロしていると怒った。

輝子のせっかちにまつわる話はいろいろある。その昔、まだ伯父の茂太が小学校に入る前、茂太と親戚《しんせき》の小学生の男の子二人に向かって、「何か買ってあげるから日本橋三越のライオン前にいらっしゃい」と輝子は命じた。幼い二人にとっては初めての遠出で、不安で怖い思いをしながら、市電に乗り、今の銀座四丁目である尾張町駅で乗り換え、ようやくライオン像にたどり着いた。

しかし、待ち合わせの時間に輝子はいない。いくら待っても現れない。

結局、茂太達がベソをかきながら家に帰ると、そこには輝子がいた。

「約束の時間に来ないから、帰ってきちゃったのよ」

輝子はことなげに言った。子供たちはたった五分遅れただけだった。

そんなわけで、二ヶ月間のアフリカ旅行では、毎日、イライラと父を急《せ》き立て、観光地めぐりをしていても父が集合時間に少しでも遅れると立腹した。しかも、せっかちなだけでなく、超マイペースで好きなように行動したがる。海外旅行は添乗員より自分の方が慣れているという自負があったからだ。

アフリカの空港に到着すると、すぐに父に命令した。

「こんな国の札はどうせ無価値ですから、今のうちにコインに替えておきなさい。コインなら孫達の土産になります。それから、宗吉、今、トイレに番人がいません。今のうちにトイレに行っておきなさい。お紙はありますか？　わたくしが持っていますから、これをお使いなさい」

小学生の子供にするように、こまごまと父の世話を焼く。

連日、早朝からアフリカ観光が始まる。父はせっかちな輝子に朝早く起こされ、あまりの眠さで朦朧《もうろう》としたままバスに乗り込む。

その頃は持ち出せる外貨が多くなってきた時代なので、観光地に到着するとツアー客の日本人は土産物屋でわれさきにと買物をした。輝子は特に好きなもの、あるいは珍しいもの以外は決して買わない。

父と輝子はサッと店内を見てまわり、あとは入口の椅子《いす》に腰掛けて、無言でみんなの買物が終わるのを待つのが常だったという。あちこちの観光地と土産物屋に連れていかれ、ようやく夕方遅くに、その日の宿泊先に到着する。

父は、「あー、疲れた」とホテルのベッドに倒れこんだ。

すると輝子はものすごい勢いで父を叱責《しっせき》した。

「年寄りのわたくしがこんなにピンピンしているのに、まだ若いあなたがへこたれるとは何事ですか！　宗吉、だらしがないですよ！」

輝子は全く疲れを見せず、ホテルの洗面所にスタスタ行ったかと思うと、

「宗吉、こっちがチルド・ウォーターです。こちらの方をお飲みなさい」

と命令し、疲労困憊《こんぱい》の父がベッドでタバコを吸っていると、

「宗吉はタバコも多すぎます。お酒も飲みすぎです」

と、クドクドと説教する。

夕食が終わってレストランから戻ると、さらに父に命じる。

「お風呂《ふろ》を入れておきましたから早くお入りなさい」

ところがその風呂が水のように冷たすぎたり、反対に熱すぎたりして、まともに入

浴できたことは一度もない。輝子は自分の気に入るように物事が進まないと機嫌が悪くなる。二ヶ月の旅の終わりに父は完全にへたばってしまった。

しかし、日本人旅行者として初めてのアフリカ旅行は輝子の好奇心を十分に満足させた。

アンボセリ国立公園では草原をゆったりと歩くキリンや、ブッシュを俊敏に跳躍するインパラの群れに出会ったり、獲物の肉を鋭い牙《きば》で血を滴《したた》らせて食べていた親ライオンの近くまでフォルクスワーゲンのワゴンは近づいた。アフリカ象の大群を見ていたら、その中のボスらしい大きな象に、「パオーッ！」と威嚇《いかく》され、その迫力に圧倒されたという。

父もヘミングウェイの短編に出てくるキリマンジャロの白い峰に感激した。見渡すかぎりの広い大地、自由に歩き回る野生動物、そして原住民達が着ている色鮮やかな衣装に目を見張った。

輝子はすっかりアフリカに魅了され、その後、七十九歳でサハラ砂漠、八十歳でアフリカ一周、八十一歳でエジプトのナセル湖などなど、十数回もアフリカを訪れることになる。

軽井沢の「ボロ小屋」にやってくる

旧軽井沢には父の別荘がある。大正時代に宣教師が建てた家で、作家・小島政二郎氏から譲り受けたものだ。三百坪の敷地には決して贅沢《ぜいたく》な造りではないが、モダンな二階建ての洋館で、一階のリビングには石造りの暖炉があった。広いダイニングルームとキッチン、バスルーム、トイレ、使用人の部屋とトイレ、納屋《なや》もあり、古きよき時代の名残を感じさせた。二階の四部屋には、それぞれに洗面所がついており、南側には大きなガラス窓のサンルームがあった。家全体はレンガ色で、ベランダや手すり、柱、窓枠だけが白く塗られており、おとぎ話に出てくるような愛らしい家で、私は大好きだった。

父は旧制松本高校時代、堀辰雄《たつお》の小説で有名な軽井沢に立ち寄った。爽《さわ》やかな高原の佇《たたず》まいは戦時中の暗い思いを束《つか》の間《ま》忘れさせてくれた。以来「いつかはこんなところに住んでみたい」と強く憧《あこが》れていた、その念願が叶《かな》って、昭和四十年、私が三歳の時、ようやく購入した別荘だった。

軽井沢には遠藤周作さんや中村真一郎さん、辻邦生《つじくにお》さん、矢代《やしろ》静一さん、奥野健男《たけお》さん達が別荘を持っていらした。東京ではお互いに忙しくて会う機会がないが、ここではみな隣組と言っていい。夏の軽井沢での夜、父は彼らとの酒宴をたいそう楽しみにしていた。

昭和四十二年の夏、七十一歳の輝子はこの軽井沢の別荘にやってくることになった。私は幼稚園児で五歳だった。

「来週、おばあちゃまが軽井沢にいらっしゃることになったのよ」

「本当、おばあちゃまが？」

前述したように輝子は、茂吉の死後、六十四歳から暇さえあれば一人で海外旅行に行くようになり、国内の温泉や、家族との旅行などに全く興味を示さない。それゆえまさか軽井沢にまで来るとは父も母も夢にも思っていなかった。

果たして、祖母はやってきた。上野駅から信越本線に乗り、古い瀟洒《しょうしゃ》な木造建築の軽井沢駅に降り立つと、母と私が迎えた。

「お義母《かあ》様、ごきげんよう。お疲れではございませんか？」

「おばあちゃま、ごきげんよう」

私は麦わら帽子に母の手作りのサンドレス、サンダルを履いていた。ワンピース姿でホームに降り立った祖母は背筋がまっすぐ伸びて毅然《きぜん》としており、汽車旅の疲れなど微塵《みじん》も感じさせなかった。

母は運転しながら祖母に尋ねる。

「お義母様、東京はお暑うございますか？　ニュースを見ますと、なにやら三十三度とか言っておりますが」

「あらそう？　そんなに暑くないわよ」

私はどんなに暑い日も輝子の汗を見たことがない。みんながふうふう言って団扇《うちわ》をパタパタさせるような猛暑の日、輝子が松原の家に遊びに来た。ちらっとその横顔を見ると、いつも涼しげな顔をしている。暑いとか、寒いとかいう言葉も聞いたことはなかった。

軽井沢駅からロータリーに向かい、聖パウロ教会の前を通り抜けて小道に入ると、レンガ色の別荘が見えた。半袖《はんそで》シャツに半ズボン姿の父が出迎えのため、庭に出ていた。

「お母様、ごきげんよう。ようこそいらっしゃいました。お疲れはございませんか？」

輝子は、「ごきげんよう」と言いながら車から降りると、父が苦労をして買った別荘を見た。木々はエメラルドグリーンに輝き、隣家の手入れの行き届いた苔庭《こけにわ》はビロードのようだった。それらの緑色と別荘の赤茶色がほどよくマッチして何とも風雅である。

しかし輝子は言い放った。

「おやまあ、すごいボロ小屋だこと！」

輝子は何千坪もの豪華な別荘を想像していたのだろうか。何とも痛烈な感想だった。

その頃、輝子は伯父の家族と同居していた。新宿区大京町にある齋藤病院では入院患者のためにお手伝いさん達が伯母の指示で病院食を作っていた。そこで輝子の食事も一緒に作っていたので、伯母もお手伝いさんも、美食家の輝子のために一生懸命料理に腕を振るった。

私が大学生の頃、初夏のある日、輝子に会いに伯父の家を訪れたことがある。昼食に素麺《そうめん》が出された。母が作る素麺は水を張った器に麺を落としただけのごく普通のものだが、伯母が作った素麺は、『家庭画報』のグラビアのように、ガラスの器に束にした麺が美しく盛られて出てきた。宇田家という名高い医者の家に生まれ育った伯母は、姑《しゅうとめ》によく尽くし、つねに完璧《かんぺき》を心がけて料理の盛りつけや器一つにも心を込めていることが窺《うかが》えた。

齋藤病院の隣りには魚屋があり、輝子は自ら出かけて行っては、「今日は何がいいかしら」と主人と相談して、塩焼きにする魚を選んでもらったり、好きな白身魚の刺身を作ってもらったりしていた。

当時の軽井沢は政財界のVIPの別荘が多かった。そこで夏季だけ、青山の紀ノ国屋スーパーマーケットや西武百貨店、赤坂の高級料亭「口悦《こうえつ》」、中華料理店「赤坂飯店」が軽井沢に出店しており、一流の味を楽しむことができた。

しかし、輝子が軽井沢の別荘にきた晩は、母が必死で考えたメニューにした。

日頃、父の別荘での食事は極めて質素なものだった。高原野菜のレタスとトマトのサラダ、冷奴《ひややっこ》と鮭缶《さけかん》だけの日もあった。たまに肉屋で買ってくるコロッケがご馳走《ちそう》と言えた。輝子おばあさまに何を召し上がっていただくか、まだ二十九歳の若き主婦だった母の緊張ぶりは察するにあまりある。

まず、「有賀鶏肉店」の「鶏《とり》おばさん」に電話して、ささ身を作ってもらった。「鶏おばさん」というのは別荘の人達がつけた愛称で、東京では手に入らない地鶏を扱っていた。ささ身を熱湯にくぐらして湯引きをして冷やし、山葵《わさび》と醬油《しょうゆ》で食べる前菜を用意した。次に八百屋「こばやし」で買ったトマトを切り、枝豆を茹《ゆ》でて焼き茄子《なす》を作る。

そして天皇皇后両陛下の出会いの場所となった軽井沢会テニスコート脇《わき》にある魚屋「魚文」で、輝子が好きな白身の刺身を求め、鮎《あゆ》の塩焼きを作った。「穂寿美」という寿司《すし》屋からは、寿司の出前も頼んだ。

「わー、ママ、美味《おい》しそう!」

軽井沢では見たこともないようなご馳走が並んだ。

しかしこれらを口にした輝子は、「美味しいわ」とも何とも言わない。輝子はお世辞が大嫌いだった。そもそも、「これを言ったら、場が和むかしら」などという発想が皆無なのだ。

輝子は、その昔、胃潰瘍《いかいよう》で胃を三分の二も切除しているので小食である。美味しいものを、一口、二口だけ食べる習慣があり、少し味わうと、お腹《なか》がいっぱいになったようで、すぐに食後の歓談になった。

「わたくし、この間、中国に行ってきたのよ」

「あっ、そうでしたか」

輝子の海外旅行があまりに頻繁《ひんぱん》なので、父も母もどこに出かけたか、覚えてなかった。

「ホテルに到着したら、ガイドさんが、赤い表紙の毛語録《もうごろく》をわたくし達に渡して、

『さあ、みなさん、毛主席のお教えを勉強しましょう』と、旅行客に唱和させたのよ。飛行機の中でも服務員とよばれるスチュワーデスがやってきて、毛語録を配って、『さあ、皆さん』とか、やるのよ」

毛沢東語録が華やかなりし文化大革命の頃だった。後年、「わたくしは毛沢東の時代の中国を知っているの」という自慢話は何十回と聞かされた。

母はデザート好きの輝子のために、グレープフルーツを半分に切り、真ん中に赤いチェリーを乗せ、ガラスの器に盛り付けて砂糖と一緒に出した。小さなプチフールのケーキも用意していた。

輝子がプチフールを食べるのを見ながら、私は気になって仕方ないことがあった。

「おばあちゃまは、あの五右衛門風呂《ごえもんぶろ》にどうやって入るのだろう？」

五右衛門風呂はかまどに薪《まき》をくべて下から火を燃やして沸《わ》かすお風呂で風呂釜《がま》は鉄。触ってしまうと熱い思いをする。こんな田舎式の風呂に高齢の祖母がうまく入れるか子供心にも心配だったのだ。

しかし輝子は何事もなく、さっさとお風呂からあがると、浴衣《ゆかた》に着替え、すぐに二階の和室にあがっていった。

日頃、子供部屋で寝かされていた私は、母から、「せっかくだからおばあちゃまと一緒に寝たら？」と言われ、和室に二つの布団《ふとん》を敷いて寝ることになった。二十畳もある和室は机もなく装飾品もなく、ガランとして寒かった。長袖のパジャマ姿の私は鼻まで布団をかぶった。おまけに雷雨となった。旧軽井沢は雨が多い。しかしそのおかげで湿気が多く、美しい苔庭が出来上がるのだと聞かされていた。

二人で黙ったまま布団に入っていると、輝子は言った。

「由香は数の数え方を知っていますか？」

幼い私は首をふった。

「おばあさまが数の数え方を教えてあげるから、由香、こちらへいらっしゃい」

誘いを受けて、輝子の布団におそるおそる潜り込むと、浴衣姿の胸元にすっぽりと包まれた。

「では今からおばあさまが数の数え方を教えてあげます。ひとつ、ふたつ、みっつ、よっつ、いつつ、むっつ、ななつ、やっつ、ここのつ、とお。繰り返してご覧なさい」

「ひとつ、みっつ、よっつ……」

「ひとつ、ふたつ、みっつ、よっつ、いつつよ」

「ひとつ、ふたつ、みっつ、よっつ……、ええと……」

「ひとつ、ふたつ、みっつ、よっつ、いつつ、むっつ、ななつ、やっつ、ここのつ、とおでしょ」

「ひとつ、ふたつ、みっつ、よっつ、いつつ、ななつ、とお！」

何度も繰り返すが、途中で間違ってしまう。その度、輝子は優しく繰り返した。

この頃の輝子は、「おばあさまは日本だと、全然眠れないけれど、外国だとゆっくり眠れるの」と言って、さっさと海外にばかり行っていた。同居している伯父の子供達にも、世間一般のような孫を甘やかす接し方ではなく、大人に接するような態度だった。あまりにも元気で「お婆《ばあ》さん」という気持ちにならなかったようだ。父と伯父は十一歳も離れている。輝子がようやく老いた頃に私が生まれたのだ。

私は、ついに、「ここのつ、とお」と、十まで数えることができた。

すると次は、「十一、十二、十三、十四、十五、十六、十七、十八、十九」と教えられるが、「にじゅう」のところで口ごもってしまう。「にじゅう」が出来ると、次は「さんじゅう」だ。気が遠くなるような教えを何度も何度も繰り返して、ついには、つっかえながらも、百まで数えることができた。

窓の外はすさまじい雷鳴が轟《とどろ》き、時折、突風が吹いてきて窓ガラスがガタガタと揺れる。杉の皮を張った壁がボソボソしていて、天井の板の目が不気味で怖い。

幼い私は何よりも眠くて眠くて仕方なかった。

父の初めての大躁病《だいそうびょう》

私が生まれた時、父は精神科医であった。同人誌や文芸誌でいくつかの作品を発表してはいたが、本業はあくまでも医者。学習院卒の輝子が厳しくしつけたので、父は家族に対しても丁寧《ていねい》な言葉遣いで、朝会っても昼会っても「ごきげんよう」と言っていた。物腰が丁寧で上品で優しかった。

戦前の商社マンの家で生まれ育った母は古風な人だったので、「女性は結婚したら幸せになれるもの」と信じていた。『ミセス』や『暮しの手帖《てちょう》』を愛読しており、「家族の健康維持は妻の役目」と、今、流行の「食育」と同じ思想で、同居のお手伝いさんと一緒に一日三十品目の食事を作っていた。

野菜たっぷりのミネストローネスープやラザニア、チーズグラタン、ミートローフは母の得意料理だった。骨付きの鶏肉を三時間もグツグツ煮込んで作るチキンスープは黒コショウがピリリと利《き》いた塩味で絶品だったし、ワカサギのフライや、小アジの南蛮漬けは「身体《からだ》の骨を作るから魚の骨まで食べなさい」との理由でたびたび食卓に上った。

朝昼晩の食事には必ず牛乳やチーズが出され、「牛乳は身体にいいから」と、牛乳プリンやババロアまで作っていた。母は若くて美しく、私が幼稚園に通っていた頃の我が家は絵に描いたような健全な家庭で、手入れの行き届いた庭にはチューリップやバラの花が咲き乱れていた。

たまに父と近所の羽根木公園に行くこともあった。今の時代のようにペットボトルの水があるわけでもなく水筒を持っていなかったので、キユーピーマヨネーズの空きボトルに水を入れ、緑豊かな林の中を散策するのである。父は昆虫学者になりたかった程の昆虫好きなので、カナブンや蝶《ちょう》の名前を一つ一つ詳しく教えてくれた。公園近くには、昔、青山脳病院の本院があった跡も残っている。優しい父と手をつなぎ、二人で砂利道のきらきら光る石を拾ったり、タンポポやクローバーを摘んだり、何とも甘い時間であった。

ところがそれが父の躁病によって一変する。いや、一変どころではない、無理矢理ジェットコースターに乗せられたような日々が展開するのである。実は私が幼稚園の頃、父は躁鬱病《そううつびょう》を発症していたらしいが、それが顕著に表れたのは私が小学校一年の時だった。

昭和四十四年九月、軽井沢の別荘滞在から帰京して翌朝、起きると、食卓に一枚の紙が置いてあった。

「喜美子《きみこ》のバカ！　喜美子が先に寝やがるからオレサマは蚊に喰われたじゃないか！」

新聞に入っている広告のチラシの裏に、太マジックでデカデカと書いてあった。

父は間違っても「バカ」などと言う人ではなかった。母も私も何が起こったのかわからなかった。そもそも躁鬱病という病名すら知らなかった。

それまでの父は明け方まで原稿を書くことが多かったが、原稿が書けないと言ってイライラしたり、家族に当たることもなく寡黙《かもく》でおとなしかった。

ところがこの九月から、原稿を書くだけでなく、夜中まで大きな音でテレビを見たり、何十冊もマンガの本をベッドに持ち込んで朝まで一睡もしないで読むようになった。新聞や雑誌を読んでいて何か気になる記事があると、ビリビリッ！　と破って放りなげる。食卓の周りやベッドが本や新聞や雑誌でいっぱいになった。だが、「原稿を書くための資料に必要だ」と母に宣言し、整理もさせず、捨てさせもしない。今までの平穏なきちんとした暮らしぶりが一転して、とんでもなく乱雑な家になった。

さらに食事をしていても、突然、広沢虎造《とらぞう》の清水次郎長《しみずのじろちょう》の浪花節《なにわぶし》を唸《うな》る。

「オレサマは勉強意欲が湧《わ》いたぞ！　英語だけでなく中国語も勉強しようっと！」

ＮＨＫ教育テレビの「中国語講座」を大音響で聴いたり、食事中に英会話をやり始める。

父は気持ちが高ぶっているから、落語を聴いてゲタゲタ笑って床にころがったり、映画を見ていても悲しい場面になると、おいおいと泣き始め、鼻水ダラダラでティッシュペーパーを片手に大変な騒ぎになった。

さらに当時は、「文士は家庭を顧《かえり》みるものではない」という風潮があった時代だった。

ある日、父は母に、「原稿に専念したい。好き勝手に生きたいから、喜美子も由香も家を出ていってくれ」と宣言した。

しかも、父の作品が好きだという大学生の若者を書生として同居させることを勝手に決め、私の部屋に寝泊りさせると言う。母はあまりに急なことでどうしていいのかオロオロするばかり。母は普通の人だから、一体何が起こったのかわからない。

「こんな怖い人と一緒に住むことはできない」

母は幼い私の手をとり、三鷹《みたか》市井の頭公園近くの実家に逃げ帰った。私は自宅近くの公立小学校に通っていたのだが、ランドセルに定期をぶら下げて、井の頭線で通学する羽目になった。

真夜中にトイレに行きたくて目覚めると、居間の電気がついていて、母が祖母・美江と、こそこそと小声で話している。

「宗吉さん、どんな感じなの？」

「私にもわからないのよ」

「困ったわね」

「……」

「それで、あなたはいつまでここにいるつもり？」

「全くわからないわ」

夫婦別居の生活は半年間、続いた。

父はだんだん大人《おとな》しくなり、居丈高《いたけだか》な様子もきえ、以前の穏やかな父に戻った。

「いつまでも由香が電車で遠くから通うのは大変だから」

再び、世田谷松原の家に戻り、家族で一緒に暮らし始めた。しかし、父は悪びれた様子はなく、その後も家族サービスはゼロ。一人娘にもかかわらず、七五三のお詣《まい》りにも来てくれず、母と二人きりで明治神宮を訪れた。家族で一緒にドライブや海水浴や遊園地に行ったりしたこともなく、小学校の卒業式にすら現れなかったのである。

その後も父は毎年のように定期的に夏頃から二ヶ月程、「異常な元気」になり、あと残りの十ヶ月間はノーマルな時期と鬱期を繰り返し、そのことを全く隠すことなくエッセイに書き始めた。ついに母は、この世の中に「躁鬱病」という病気があることを知ることとなる。今、「三人に一人が鬱病になる時代」と言われる程、誰もが普通に「心の病」を口に出せる時代になったが、当時、超モーレッサラリーマンだらけの時代に、「鬱病です」と言えたのは、やはり父が精神科医であったからだと私は思う。

躁病になると、不思議なことに、必ず株の売買をやり始めた。

「株で儲《もう》けて映画を製作したい！」

父には一生に一度だけ映画を作りたいという夢があり、喜劇の構想をあたためていて、すでにシナリオを書き出していた。映画を作るには相当なお金が必要だというので、株で儲ければ大金がころがりこむと思いこんでいたのである。

連日、証券会社に電話して、意欲満々で株の売買をする。信用買いやら何やらに手を出して、いつも証券会社の人とケンカをしていた。

「早く買って下さい！　早く早く！」と買い注文を出したかと思うと、「一円上がった！　二万、売り、売り！」とわめき、その数分後には、「さっき売ったじゃないですか！　バカ！　何で売ってないんだ！」とモメる。

その頃、父は三社の証券会社と取引をしており、興奮のあまり、どの証券会社でやりとりしたのか、わからなくなるのだ。銀行口座からは全預金が株に投入された。しかし父は株の素人《しろうと》であり、躁病のために株価が一円上がるだけで、「儲かるぞ！」と売りに出し、一円下がるだけで、「今が買いのチャンスだ！」と買うので、手数料だけで何万にも何十万にもなり、あっという間に家から現金がなくなった。

ついには出版社から前借をするようになり、その返済のためにエッセイなどの雑文を書くようになった。母はきちんとした作品を書くならまだしも、雑文を書くのを嫌がった。それでも父は昼間は狂人の如《ごと》く、血眼《ちまなこ》になって株を売り買いし、夜中に原稿を書く。

母は返済期限である午後三時までに家中のお金を集めて銀行に走る日々となった。父の前借の金額があまりに大きいのを知ると、母は出版社の経理に電話をして、「絶対、お金を貸さないで下さい」と懇願《こんがん》した。

出版社からの金の融通《ゆうずう》ができなくなったことを知った父は母を怒鳴り、その昔、佐藤愛子さんの前夫にお金を貸していたことを思い出し、佐藤さんに借金を申し込んだ。それで幾ばくかのお金を借りることが出来ると、友人知人に手当たり次第お金を貸してくれるよう電話をかけるようになった。

「あなた、お願いですから、お友達からお金を借りるのだけはやめて下さい！」

「喜美子のバカ！　今が買いのチャンスで大変な時なんだぞ！　オレサマは映画を製作したいんだ。頼むから邪魔をしないでくれ！」

「嫌よ。邪魔をしなかったら大変なことになるじゃないですか！」

「オレサマが稼いだ金を好き勝手に使って何が悪い！」

「あなた、恥を知りなさい！　恥って言葉をご存知ないの？　本当にいい加減にして下さい！」

母は父が証券会社に電話しようとするのを止めようとするが、父は受話器を離さない。

「バカ！　喜美子やめろ！　オレサマを邪魔するな！　今が買いのチャンスなんだぞ！　頼むから、やめてくれ！　おーい、由香、助けて！　ママが暴力を振るう！」

二人は受話器の争奪戦。不思議なことに父が株を買うと、必ず暴落するのだ。母が、「うちにはもうお金がありません」と必死で説明しても、父は、「どうせ喜美子が大袈《おおげ》裟《さ》に言っているだけだろう。銀行に定期預金があるし、割引債も残っている」と喚《わめ》く。

だが、好き勝手に株の売買をやっていたので本当に何も残っていなかった。ついには友人知人からの借金も追いつかず、資金繰りが悪化し、私の貯金していたお年玉までが生活費に回された。

連日、父は株の売買に明け暮れた。朝から父が証券会社に電話しようとすると、母が受話器を奪う。

「あなた、もういい加減にしてちょうだい！　お義母《かあ》様だって、茂太お義兄《にい》様だって美智子お義姉《ねえ》様だって、みなさん、心配していらっしゃるのよ！」

「喜美子は作家の妻として失格だ。遠藤周作さんの家を見ろ！　阿川弘之《あがわひろゆき》さんの家を見ろ！　ウチよりもっとひどいんだぞ」

濡《ぬ》れタオルを頭に巻き、パジャマの上にガウンを着た父は狂人そのもので、怒りのあまり全身がぶるぶると震えていた。

「ウチよりひどいという、阿川佐和子さんのお家《うち》はどんなに大変なのだろう？」

私には想像がつかなかった。

父は躁病になると、メモ魔と化した。朝起きてくると、食卓には父のメモが何枚もある。

「喜美子サマ。喜美子の貧乏性には呆《あき》れた！　それに昼間の態度は一体なんだ！」

「少しは言動に気をつけろ！　恐るべし狂人の宗吉より」

「優しい喜美子サマ。ポカリスエットとリポビタンDがなくなったので買っておいて下さい」

「キミコ！　こら、コオリ出しておいてくれと言ったら、コオリくらい出しておけ！　愛してるなんて口だけで、ぜんぜん世話をせんではないか！　ソウキチ」

「キミ子へ　必ず九時二十分前には起こすこと。かまってもらえんダンナ」

「もうイトシイきみ子へ　氷を沢山と、ポカリスエットを作っておいてくださいませやさしくなったダンナ」

　連日連夜、父との闘いに疲れきった母は、ある朝、ボサボサの髪で起きてくるなり食卓のメモに気づいて、「パパが亡《な》くなったら、ママ、これで本を書こうかしら？」と嬉《うれ》しそうに集めていた。

そんなある日、新聞に身寄りのない老人の死が報じられた。貧乏に生活していたと思ったら、銀行に定期一千万円、更に一億円の株券が発見されたというのだ。その老人は夜も電気を一切つけなかったという。

その日の夕方、編集者が来宅して、父とその話になった。

「夜に電気をつけない暮らしってどういうことなんでしょう？」

「北さん、電気代って意外にバカにならないものですよ」

この言葉が父に火をつけた。突如として父は家中の電気を消すようになり、食事をしていても、台所や寝室の電気がついていると、バタバタ走っていって電気を消す。たまに編集者の方が家にいらして応接間に案内すると、その後すぐ玄関も廊下も全部を消してしまう。母がお客様にお茶をお出ししようと廊下に出ると、真っ暗なのだ。

「あなた！　廊下の電気を消すのはやめてください！　お茶を運ぶのに危なくて仕方がないじゃありませんか！」

「オレサマは無駄使いが嫌いなんだ！」

ちょっと目を離すと、家中の電気をパチパチと消して歩き、私がお風呂《ふろ》に入っていても消そうとする。父が電気を消し、母が電気をつけ、つけたり消したりの攻防戦が繰り広げられる。「株の売買騒ぎ」に「電灯バトル」が加わり、母はさらに忙しくなる。

かと思えば、今度は父は三台のラジオを部屋に持ち込み、株の短波放送、ベートーベンの第九、中国語講座をいっぺんに大音響で聞き始めた。台所にいた母があわてて書斎に駆けつける。

「あなた、ご近所に迷惑ですからもっとボリュームを小さくしてください！」

「喜美子はクラシックの良さもわからないのか！」

父は母にいらだち、その怒りをおさえようと、食卓の上にあった大福を食べる。

「あー、美味《おい》しい！　なんて美味しいんだろう！　この世にこんなに美味しいものがあったのか。由香、よく聞きなさい！　由香は贅沢《ぜいたく》をしているけど、パパは戦争中、食糧難で空腹のあまり畑のネギを食べたこともあるんだよ。あー、この大福は何て旨《うま》いんだろう！」

すさまじい勢いで大福を二個も三個も四個も食べてしまう。

躁病《そうびょう》になると何を食べても美味しくなるらしい。今まで鬱病で夕方まで寝ていた父が、朝から食事をし、トーストにバターとジャムをたっぷり塗る。

「あー、なんて美味しいんだろう。よし！　からだにいいから、ヨーグルトも食べようっと」

ヨーグルトにドサッと砂糖を入れる。オムレツもパクパク食べる。夕食の後、夜中に原稿を書いていると、お腹《なか》がすくらしく、自分でインスタント・ラーメンを作る。あまりに活動が激しいので躁病の父は太ることはなかった。

しかし、いったん鬱病になると、夕方まで寝ているので食事は一日一食、夕食だけ。それでもあまりに動かないので、あっという間にブクブク太ってズボンが入らなくなる。

そんなある日、母が台所で夕食の支度をしていると、父が寝室から叫んだ。

「おーい！　喜美子！　明日、文学賞のパーティーがあるんだけど、ズボンがきつくて入らない」

ベルトの穴を一個ずらしても二個ずらしても入らない。お腹は牛のようにまん丸だった。

「まあ、またあなた太ったの？　この間、ズボンを買ったばかりじゃありませんか！」

「でも入らないんだよ」

この時だけは威張りん坊の父が子供のように大人しくなる。

翌朝、母は、デパートにズボンを買いに行く。父も「やれ躁病だ」「やれ鬱病だ」

と忙しかったが、母も忙しかった。

一方、輝子は相変わらず、海外旅行三昧《ざんまい》の日々であった。海外に行くと、帰国した翌日にはお土産を持って、我が家に遊びにくる。

父は大躁病で騒いでいるか、半年以上は鬱病で夕方まで寝ているかのどちらかで、普通の状態は極めて少ない。躁病の時の父は、「躁病になると熱くて仕方ない」と頭に濡れタオルを巻き、証券会社に電話をして怒鳴ったり、母とケンカしている。

ついにある日、父が門のところに大きな立て看板を出した。

「当家の主人、ただいま発狂中！　万人注意！」

私の小学校の友達は「発狂」という言葉に大喜びし、同級生達が見にきた。郵便屋さんも仰天していた。

家に遊びにきた輝子は立て看板を見るなり、眉《まゆ》をひそめて言った。

「由香、これなあに？」

「パパが書いたんです。学校のお友達がみんなで見にきました」

「全く宗吉は仕方がないわね。どうしてこんなになっちゃうのかしらね」

輝子は呆れて、五分も経《た》たないうちに、早々に引き上げた。

ドタバタ・パリ珍道中

昭和五十五年、またもや父は大躁病となり、我が家ではお定まりの騒動が勃発《ぼっぱつ》していた。

輝子は、大躁病の父を、「わたくしもいつまで生きているかわからないから、最後の旅行にお供してよ」としきりに誘っていた。

七十歳の時に輝子と父は二ヶ月のアフリカ旅行に出かけたが、超マイペースの輝子に振り回され、父の方がへばってしまい、それ以来、どんなに誘われても、原稿の締め切りを理由に、海外に同行することはなかった。

ところが輝子もいよいよ八十五歳である。食いしん坊の輝子が、パリの団体旅行のツアーから離れて、リヨンのレストラン「ポール・ボキューズ」、さらにその近くの「ピラミッド」に行きたいというので、ついに、躁病の父は同行することになった。

「喜美子はいつも苦労してかわいそうだから、今度のあなたの旅行費用は、わたくしが出してあげます。一緒にいらっしゃい」との一言で母も加わり、三人で旅立つことになった。

父は株で大損していたが、決死の覚悟でハイヤーを頼んだ。輝子は、いつも出発時刻の二十分前には玄関に荷物を置き、その前に立って足踏みをして待っているので、一分でも遅れたりしたら激怒される。

ハイヤーで輝子を迎え、箱崎に行き、リムジンバスで成田に着くと、躁病の父は一人でさっさと出国審査所に行き、手続きが済むと免税店でタバコを三カートン、サントリーオールド、香水を買い込んだ。

ところが、後から来るはずの母と輝子が見当たらない。「飛行機に乗り遅れたら大変だ」と、先に搭乗ゲートに行ってみるが、そこにも二人はいない。

父はスタンドでビールを飲み、トイレに行き、ゲートに戻ってくると、果たしてそこには怒った母が立っていた。

「あなた！　一体どこにいらしたの？　お義母様と心配してずっと探していたのよ！」

「どこへ行っていたなんてオレサマの方が探したんだぞ！　とにかく喜美子が見つからんから、ちゃんと搭乗ゲートに来てたんだ。何が悪い！」

「嘘《うそ》でしょ！　私はずっとここにいたのよ。あなたは親孝行をすると付いていらしたのにもう親不孝だわ。お義母様がすごく心配なさったのよ！　それにお酒とタバコと香水を買うって言ってたでしょ。あなたと免税品がダブると税金をとられちゃうから、『齋藤宗吉っていう人がきませんでしたか』ってあちこち探し回ったのよ」

「喜美子のバカ！　オレサマがそんなことを知らないとでも思うか！　テメエ、ヤロウ！」

父は憤怒《ふんぬ》して大声を出す。

すると輝子が言った。

「わたくしは、宗吉と旅行するなんてもう後悔していますよ。こんなことなら一人で旅したほうがよっぽど気楽だわ」

機内に入ると、父はJALのスチュワーデスさんに向かって英語で「私はルフトハンザの職員でいろいろと調べたいから、パーサーを呼んで頂けますか？」と話しかけた。

「あなた、スチュワーデスさん達は忙しいんだから話しかけてはいけません！」

母の言葉も馬の耳に念仏の父はその後も新聞や飲み物サービスをされると、スチュワーデスに英語で話しかける。

ついに輝子までが怒り始めた。

「宗吉、もうおやめなさい！」

そこに夕食が供されると、輝子は自宅から持ってきた弁当をゴソゴソと開け始める。「ハイジャックにでもあったら大変だから」と、必ず冷蔵庫に入っている煮物やハムや漬物をあるだけ箱に詰めて持ってくるのだ。開発途上国に行くと飛行機が遅れたり、レストランが開いていないことも多い。世界何十ヶ国と旅行している輝子の知恵だった。

そのグチャグチャな弁当を、「喜美子、少しいかが？」とか、「宗吉、少し召し上がれ」と命じる。伯父達と旅行しても同じように弁当を勧めるらしいので、みんな輝子の弁当がありがた迷惑で恐怖だった。

父は機内の夕食が終わると、航空便用の便箋《びんせん》にすごい勢いで原稿を書き始めた。

それから日程表を見て、パリで古城めぐりツアーがあるのを知る。

「よし！　オレサマは古城に行くぞ！　きっとオバケがでるからな。西洋のオバケには足があるんだぞ。中には、甲冑《かっちゅう》を着たオバケもいる。こいつはやかましいぞ。ガチャン、ガチャンと大きな音を立てて歩きやがるからな」

父は自分がしゃべった言葉がおかしくなって、ゲラゲラと笑い、輝子はまた怒った。

母は、連日連夜、父とのバトルで一睡もしておらず、夕食が終わると眠り込んでいた。

しかし、あまりに輝子が怒っているので目を覚す。

「まあ、お義母様《かあ》、宗吉はずっとこんなふうにしゃべっていたのですか。申し訳ございません。さぞご迷惑でございましたでしょう！」

「何言いやがる！　オレサマはずーっと不眠不休で原稿を書いているんだぞ。その間、テメエはグウスカグウスカ、寝ていやがっていたくせに！」

「あなた、躁病の薬を飲んで下さい！　早くお薬を！」

父はこの頃、躁病を抑える三種類の薬を飲んでいた。

「バカ！　薬なんて飲んだら鬱病《うつびょう》になるから嫌だ！」

「お願いですからお薬を飲んで下さい！」

すると母の怒った顔が面白いのか、父はゲタゲタと笑い始めた。

輝子が憮然《ぶぜん》として言う。

「宗吉！　パリの一流レストランに行ったら、おとなしくなさいよ」

「お義母様、だいたい宗吉はマナーが悪いんです。家でも椅子《いす》の上に胡坐《あぐら》をかいて食事をしますのよ」

「何言いやがる！　胡坐というのはサムライの伝統なんだ！」

父はベランメエロ調でわめく。周りの乗客がチラリチラリと見るので、母はいたたまれなかったという。

　パリのホテルにようやく着いた時はみんな憔悴《しょうすい》していた。父はベッドに倒れこみ、身動きできなくなる。母も機内で眠れなかったので、夕食まで昼寝をしようとベッドに入った。

　すると、隣室の輝子がやってきて、たちまち激怒した。

「あなたたち、そのザマは何です！　八十五歳のわたくしがこんなにピンピンしているのに、若いあなたたちがこんな有様では情けなくなります！」

　怒り心頭に発した輝子は母に、「宗吉をおいて食事に行きましょう」と部屋を出ていった。

　母と輝子が夕食から戻ると、今度は食事のまずさと、ボーイのサービスの悪さに輝子が腹を立てていた。輝子が自室に戻ると、母は父を怒り、口論となった。

　翌日、パリ観光のバスに乗ったが、その間もずーっと父は騒いでいた。

　ホテルに帰ると停電があり、短気な輝子はまた怒り、翌日、レストラン「ポール・ボキューズ」に行くと、輝子は「美味しくない」と不機嫌になった。

「ボキューズはもう駄目《だめ》ね。美味しくないわ。あなたたち、残りを食べてちょうだい。

わたくしは、やはり日本の和食の美味しいのが一番好みにあうのかもしれない」
日本から遥々《はるばる》リヨンの超有名店に来たのに、輝子は憮然として言い放った。
父の大躁病はさらに悪化し、どの店に行っても笑いころげ、それを注意すると、今度はまた笑いすぎて涙を流す。その度に輝子は激怒し、レストランに行くと「この店、美味しくないわね」と不機嫌になる。母は超マイペースの輝子とハイテンションの父に振り回され、ヘトヘトで、三人が三人とも立腹して帰国した。

今、考えると輝子と母は大躁病中の父と、よくもまあヨーロッパ旅行などに行ったものだと思う。大躁病中の父は誰とでも平気で喧嘩《けんか》をし、周りの人たちの顰蹙《ひんしゅく》を買うようなことばかりわざとするのである。齋藤家の血には、そもそもそういう気質があるのかもしれない。「茂吉も相当の変人だった」と父は言う。だから輝子は父の躁病もある程度理解出来たのだろうか。

生前の輝子に直接父の躁病についての感想を聞いたことはない。私は、不肖の息子は不肖であるが故《ゆえ》にかわいくて仕方がないという、母親としての想《おも》いがそこにあったのではないか、と思ったりもするのだが、いずれにしても破天荒な親子ではあった。

第二章

世界百八ヶ国豪傑旅行

昭和50年、サハラ砂漠にて

イルクーツクで腸閉塞《ちょうへいそく》

輝子の旅のエピソードを連ねていくと際限がなくなるのだが、その中でも私が特に印象深く記憶している旅のいくつかを紹介しよう。

昭和四十七年、七十六歳の輝子は、七月にモンゴル・ウランバートルへの旅行を決意した。私は小学四年生だった。

出発前、渡航祝いをかねて、世田谷松原の私の家で夕食会をすることになった。

「おばあちゃま、モンゴルってどんな国なんですか？」

「由香、実はわたくしも全然知らないのよ。旅行社の人も行ったことがなくて知らないんですってよ。だからどんな国なのか、見てみたいのよ」

それまで入国不可能だったモンゴル人民共和国と日本が国交回復をして、初めて外国人旅行者を受け入れることになり、その第一回旅行団を日本交通公社が企画し、輝子は参加した。日本交通公社のツアーコンダクター、毎日新聞の記者とカメラマン、ライター、二人の女性観光客と輝子の七人のツアーだった。

イルクーツクから乗ったモンゴル航空のソ連製双発機は、十人くらいしか乗れない小さな飛行機。鉄のタラップを自分達で運んでいかねばならず、入り口も狭い。一人が乗り込んで席に着かないと、次の人が中に入れないといった有様だった。

輝子はこの飛行機が余程面白かったのか、帰国後よく話していた。

「それが、ぶっこわれたような飛行機だったの。高度計とかシートベルトのサインとか、何も動かないの。フワリ、フワリと低空を飛んで、見渡す限りの草原で何一つないところに着陸しちゃったのよ」

なだらかな丘陵の大草原に降り立つと、羊の群れが見えた。

子供達が駆け寄り荷物を運んでくれて、ダランザドガドという場所にあるゲルと呼ばれる移動式テントに連れていかれた。ゲルは木と厚手のフェルトでできたような住居で、裸電球の下に四つのベッドがあり、絨毯《じゅうたん》が敷いてある。天井にはまるい窓が開いていて、夜になると月光と星の光が入ってくるので電灯がなくても困らない。

翌朝、食堂になっている別のゲルに案内されると、普通のホテルと同じパンとコーヒーの朝食が出された。

「今日はラクダを見にいきます」

ツアーコンダクターから話があり、他のツアーのドイツ人グループと一緒にバスに乗って目的地に行く。草原から砂漠地帯に入ってしばらく行くと大きなゲルがあって、その周りにラクダが思い思いの格好で屯《たむろ》している。ゲルの主人はラクダを二百頭も飼っているという。

「このラクダに乗って遊んで下さい」

以前、サハラ砂漠でラクダに乗ったことがある七十六歳の輝子は、ガイドに勧められるまま大喜びで乗ったという。輝子以外の旅行者は、みんな尻込《しりご》みして乗らなかったらしい。

日本に帰国した輝子は、自慢げにラクダの話をした。

「砂漠の真ん中で周りには何もないの。何もやることがないからラクダに乗ったのよ。二つもコブがあって、両手でコブを持って乗るの。そのコブがフニャフニャしていて、今にも振り落とされそうなんだけど、前にも乗った経験があるから、おばあさまは結構上手にラクダに乗って遊んでいたのよ」

ここのゲルでは馬頭琴《ばとうきん》の演奏があったり、アイラクというドブロクのような馬乳酒をふるまわれ、モンゴル人は家族全員でもてなしてくれた。

翌日は、ラクダではなく、馬がいるところに連れて行かれたが、乗馬なんて日本でも出来るしつまらない、と言って輝子は乗らなかった。ゴビ砂漠の他には何も見るところがなく、四日間の滞在だったが、好奇心旺盛《おうせい》でせっかちな輝子はもう飽きてしまった。

せいぜい食事くらいしか楽しみがない。夕食は肉料理が多く、仔羊《こひつじ》の蒸し焼きや、牛肉、人参《にんじん》、じゃがいもが入っている塩味のスープ、羊肉のスープの時もあった。ボーズという、肉とたまねぎを混ぜあわせて小麦粉の皮で包んで蒸したもの、ホーショールという揚げ餃子《ギョーザ》、何が入っているか分からないドロドロとしたスープもあった。食後には山羊《やぎ》の乳が入った塩味のお茶が出される。輝子はこうした野趣溢《やしゅあふ》れた料理はそれほど好きではなかったが、好奇心があるのでそれなりに美味《おい》しく食べたらしい。だが、食事を終えるといよいよ何もすることがない。

そんな旅も終わりを迎える頃、現地で輝子は急病になり入院した。ウランバートルで三泊し、イルクーツク経由で帰国の途に就くという前夜に嘔吐《おうと》し、腹痛がひどく一晩中眠れなかったという。

ウランバートルでは同行の方に支えられながらも何とか飛行機に乗り、イルクーツクに到着したものの、空港からホテルに向かう途中、バスの中でも吐いた。ようやくホテル・アンガラで医師に往診してもらうが「単なる消化不良だから心配ない」と言われ、医者は帰り支度を始めた。

しかし、輝子は病状から五十代に患《わずら》った腸閉塞の再発と悟った。帰ろうとする医者に向かって大声で必死に叫んだ。

「レントゲン！　レントゲン！」

あまりに輝子が真剣に叫ぶので、致し方なく、医者はレントゲンを撮ることにしたが、最初の病院では設備がないと断られ、二つ目のイルクーツク市立病院でようやくレントゲンを撮ることができた。その診断の結果、即時入院となったのである。はじめは日本に帰国してから治療を受けるつもりだったのだが、容態が悪化し、緊急手術が行われた。

その頃、日本では大騒ぎになっていた。

「高齢の上に重態で生命の危険がある。至急、ご家族を呼んだ方がいい」

外務省と日本交通公社から伯父の茂太《しげた》に第一報が入り、すぐ父にも電話があった。

七月半ば過ぎだったので、父は母と私を連れて軽井沢の別荘にいた。父はソ連の医療が進んでおらず、どんなにひどい状態かを知っていた。しかも輝子は七十六歳の高齢である。

「もうだめだと思った」

後に父は何度も言う。遺体を引き取りに行くことになるなと覚悟したらしい。すぐパスポートを確認すると期限切れで、大慌《おおあわ》てで旧軽井沢の土屋写真店にパスポート写真を撮りに行った。

一方、茂太も直ちに駆けつける決意をした。

パスポートは持っていたが、問題はビザだった。ソ連のビザの発給は通常二週間かかる。緊急事態であるから少しでも早くと依頼をしたものの、いつ発給されるかわからない。

しかも、ハバロフスク行きの飛行機は週二便しかなかった。水曜が日本航空で金曜がアエロフロート。一番早い便は七月二十八日の金曜だった。ビザが出ることを祈って飛行機のチケットの手配をし、種痘《しゅとう》も受けなくてはならない。

茂太は齋藤病院の診察だけでなく、早稲田大学などで講師をやっていた上に、精神医学学会の会合で全国を飛び回っており、それらの調整もしなくてはならない。伯母は、入院中の輝子のために好きな食べ物やガウン、寝巻きの浴衣《ゆかた》、着がえの準備に大わらわである。そのうち茂太の長女恵子もビザを取得して駆けつけるというので、父は何人もが行っても仕方がないだろうと渡航をとりやめた。

茂太は原稿の締め切りを何本も抱えていたから、診察が終わると、夕食後、原稿用紙に向かうのが日課だった。深夜、執筆のために起きているとうとうとしてしまう。誰かが背中を叩《たた》く気配がする。ハッと目覚めると、臨終の輝子が知らせにきたのかと嫌な予感がする。

幸い茂太にはすぐにビザがおりて日本を出発することになったが、アエロフロート機は平気で時間に遅れるうえ、やっとハバロフスクに着いても入国手続きに異常なほど時間がかかる。ハバロフスクのホテルに到着した時はヘトヘトになった。

その夜はなかなか眠りにつけない。日本を出る時に日本交通公社の人から、「遺骨で持ち帰れなければ、ドライアイス漬けにして持ち帰らなくてはなりません」とか、いろいろ聞かされていたからだ。ウオッカを飲んでもかえって目が冴《さ》える。

翌日、睡眠不足のままイルクーツク行きの飛行機に乗り、バイカル湖の近くにある病院に必死の思いでたどり着いた。感染予防のためだという白い布を肩から羽織らされ、慌《あわただ》しく二階の病室のドアを開けると、げっそりと痩《や》せこけた輝子は言った。

「あなた、忙しいのにどうして来たのよ」

死んでいたかもしれない輝子は、弱ってはいたものの、生きていて毒舌をはいた。

茂太は病院近くにホテルをとり、トロリーバスに乗って見舞いの日々となった。病棟はほとんどが大部屋で個室など少ないが、輝子は外国人だというので一人部屋をあてがわれていた。社会主義国のため患者は私物の持込を一切禁止されていて、パンツから靴下まで全部脱がされ、病院のパジャマを着せられていたが、この点も輝子は特別扱いで、茂太が持参した浴衣を着ることを許された。日本から持っていった紀ノ国屋スーパーマーケットの洋なしや桃の缶詰、カップヌードル、ほうじ茶、醤油《しょうゆ》、スッポンスープ、赤だしの味噌《みそ》汁、ビタミン剤なども全《すべ》て許可してくれた。茂太は自分の病院がある府中の大國魂《おおくにたま》神社のお守り、和露辞典、露和辞典も持参していた。

茂太の長女、恵子も数日遅れでイルクーツクに駆けつけた。

輝子はロシア料理の病院食が口にあわず、食欲はないが、それでも経過は良く、少しずつ元気を取り戻している。リハビリの先生が毎日回診に来てくれて、ベッドの上での体操や歩行訓練をしたり、一日二回の注射と薬の服用があった。

ようやく二週間後の八月八日の退院許可が出た。医者が言ったより、一週間も早い退院である。八日なら、その日のうちにハバロフスクに飛んで九日発の日航機に乗ることができる。

退院が決まり、元気になるにつれて、輝子の「命令」が次々と下されるようになった。

「飛行機の手配はどうなったの」とか、退院後の段どりまで細々と指示が飛ぶ。さらには、「わたくしはもういらないから、あなた、召し上がれ」と、病院食の余りを茂太に押しつけたりする。

伯母から届けられたガウンは、「袖《そで》が長いから」と、ハサミでジョキジョキと切ってしまい、浴衣の袖をはみ出させて着るようになった。

八月八日、いよいよ退院の日である。遺体を引き取る羽目《はめ》に陥ると思っていた茂太は心底ほっとしたが、高齢の輝子の体力は衰弱しているので、日本まで無事に帰国できるか祈るような気持ちだった。

最初、救急車を手配すると言われたが、ゆっくりなら歩けるというので、普通の病院車を用意してもらった。輝子は浴衣の上に袖を半分にちょんぎったガウンを羽織り、その上にカーディガンを着て、足下はスリッパといういでたちでどうにか車に乗り込んだ。

ハバロフスク行きの飛行機は定刻午後七時四十五分発だが、飛行機の出発が遅れ、乗り込んだのは午後九時を過ぎていた。イルクーツクの空港で心配顔の見送りの人達に向かって、七十六歳の輝子は元気に言った。

「また、チョイチョイ来るわよ！」

北極圏で氷原を三時間歩く

イルクーツクからの輝子の帰国はこれまた大変だった。開腹手術の傷は完治しておらず、いつ具合が悪くなるかわからない。体重三十七キロの輝子はさらに痩せ細って血の気のない真っ青な顔をしている。茂太も恵子も気が気でない。

八月九日の深夜二時四十分、漆黒の闇《やみ》の中ハバロフスク空港に到着し、近くのホテルに宿泊。翌日、空港で日航機の赤い鶴《つる》のマークを見て、茂太は心底ほっとする。ようやく日本の上空に来て窓から富士山を眺めながら「悪くすれば、お骨を抱いてここに到着するはずだった」と、独りごちた。

乗客全員が降りてしまうとタラップがはずされ、輝子は荷物を積み下ろしするフォークリフトに乗せられた。顔色も少しばかり良くなり、得意満面のその姿を見て、茂太は驚いたという。飛行機の下には航空局の旗を立てた寝台車が待機しており、千駄《せんだ》ヶ谷《や》の林外科病院に緊急入院となった。

遺体で戻ってくるのではないかと父達を覚悟させた輝子は、高齢にもかかわらず回復力はすさまじく、無事退院となった。

すると会う人会う人に、「わたくし、死に損なったのよ」とか、「荷物と同じフォークリフトに乗せられたのよ」と自慢する。

「死に損なった」というフレーズは大のお気に入りで、そのあと何度も同じ話を聞かされた。輝子はとにかく、「初めてのこと」が大好きなのだ。

私が病院にお見舞いに行くと、「病気になんなきゃ、すぐにミュンヘンに行く予定だったのよ」と、悔しがっていたので驚いた。

父と母は、イルクーツクで輝子が医者に、「レントゲン！」と叫ばなかったらどうなっていたかと思うと震え上がった。

普通の老人であれば、「もう海外旅行はこりごりです」とか「国内の温泉でゆっくりしましょう」と言うはずだが、輝子は違った。

イルクーツクから生還した翌年の昭和四十八年、輝子は六月から七月にかけて、グリーンランドなどの北極圏に飛び立った。その年の八月から九月はアマゾン、ガラパゴス諸島に行き、次の年の十二月末には医者が止めるのも聞かず、七十九歳で南極を訪れた。

今から考えると、北極圏であるグリーンランド、アイスランドと寒いところに行っていたのは、その一年後の南極行きに備えていたのかもしれない。

北極圏の旅行から帰ってくるなり、翌日、輝子は松原の家にやってきた。

当時、齋藤病院には伯父の専用車があり、伯父が使用しない時を見計らって輝子が使っていた。輝子は海外旅行から帰ると、翌日にはお土産を持ってきてくれる。

私は小学五年生で、学校から帰宅すると玄関前には見馴《みな》れた車が停まっていた。ランドセルを背負ったまま、庭から居間に入ると、着物を着た祖母が座っていた。

「おばあちゃま、ごきげんよう」

丁寧な言葉遣いで、きちんと挨拶《あいさつ》をする。

輝子の存在は偉大で、輝子が家にくると、皇族が来られたかのような緊張感に包まれた。母だけでなく、住み込みのお手伝いさん、マルチーズの犬のコロまで緊張する。

夕食の席で私は輝子に尋ねた。

「おばあちゃま、グリーンランドはどんなところでしたか？」

「クルスク島という東部の地に行ったのよ。元アメリカ軍基地のナルサルクアークに着陸したけど、旅行社が現地の情報が何もわからないと言うものだから、寒いだけだと思ってセーターだけ用意して行ったのよ。ところが、ブーツがなきゃ、氷原は歩けないということがアイスランドでわかったの」

「えっ、おばあちゃま、氷原をお歩きになられたんですか？」

父も母も箸《はし》を持つ手が止まった。

アイスランドでブーツを買いに行ったところ、輝子の足は二十二センチで、そんな小さなサイズのブーツはなかった。かといって子供用では幅がきつい。

「靴ばかりはピッタリ合わないとアイス・フィールドは歩けませんからね。これはもうダメだ、どうにでもなれと思って、履いていった運動靴で行ったの。イヌイットの集落まで行ったけど、往復三時間も歩いたのよ。その間、飛行機は夕方まで待っててくれたの」

啞然《あぜん》とした母が言う。

「お義母《かあ》様、氷の上を三時間もお歩きになったんですか？」

「やむをえないでしょう。氷原はとても滑るんです。ゴットホープのイヌイットの集落まで、冷たい風の中をガイドを見失わないよう歩いたの。湿原があったり、雪解けの水が流れている浅い川があって、橋がないから飛び石づたいにピョンピョン跳ねたり、岩場をよじ登ったりするんだけど、アイス・フィールドはツルリツルリと滑るのよ。見かねたデンマーク人のガイドがエスコートしてくれました。深いクレバスもあるし、そこではぐれたら死ぬよりしようがないのよ」

父の顔色が変わった。

「お母様、それは危険でしたねえ」

「外国人の中には道に迷って死んだ人もいるんですってよ。厚い手袋の先が凍って凍傷《とうしょう》になりそうだったの。しかも無我夢中でイヌイットの集落に着いたのに休むところがないのよ。掘立小屋のチャーチがあっただけ。しようがないから、風よけに入ったんだけど、お手洗いがないの。でもね、わたくしはそういうこと、ちゃんと知っていますから、着くやいなや、イヌイットの小屋の陰でサッと御用を済ませちゃったの。みんなは、『お手洗いはどこですか』なんてマゴマゴしているのよ。とにかくお茶一杯飲めない。そこのチャーチで、木の椅子《いす》に腰掛けて休んだだけ。また骨を折って同じ道を帰ってきたら、ポツンと飛行機が待ってたの。そこは軍事基地でしたけど、その飛行機に乗って、ホテルでやっとお茶とお菓子にありついた時は美味《おい》しかった。それでようやく生き返ったのよ。それからビールをもらってガブガブ飲んで、やっと人心地ついた。グリーンランドは本当に骨が折れました」

　父はほっとして言った。

「じゃあ、もう二度と行きたくないでしょう」

「とんでもない！　わたくし、グリーンランドは全島を回りたいと思っているの！」

「……」

「昨年グリーンランドを一周するコースを作りましたって、宮原巍《たかし》っていう、エベレストにホテルを建てた山男が日本に来て、わたくしに勧めるのよ」

「お母様、そのバイタリティーはどこから出るんですかね？」

「どこから出るって、わたくしにはわかりません。別に気取っているわけでもないし。まあ、習慣と、もう一つは惰性でしょうね。習い性になってしまったんでしょう。先がないと思うと忙しいの。これから十二月まで毎月のように出なきゃなんないの」

「えっ、お母様、これから毎月ご旅行されるんですか」

「そうよ。いつ死ぬかわからないでしょう。あっ、グリーンランドへはアイスランド航空のフレンドシップ機で行ったのだけれども、元全日空機でした。機内のトイレの案内表示とか、日本語で書いてあるのよ。そういえば、クルスク島は飛行場がなくて雪原に着陸したから危なかったのよ。死んでいたかもしれないわね」

輝子は北極圏から帰ると、すぐに八月から九月にかけて、南米のアマゾン、ガラパゴス諸島、イースター島を訪ねた。今でこそ、ガラパゴス諸島のイグアナがテレビで見られる時代になったが、南米大陸の西約千キロの洋上に浮かぶ島々に行くためには日本から何日もかかる。当時、そんな辺境の地に行く人は少なかった。

学校から帰ると輝子が来ていて、母が言った。

「由香、お帰りなさい。これ、おばあちゃまからガラパゴスのお土産です」

「大きなガラパゴスゾウガメやリクイグアナを見たのよ」と輝子。

ガラパゴスなんて聞いたこともなかった。居間へ行くと石の置物や陶器でできたお面、木製の笛、絵葉書などがテーブルに並べてあった。

「あと、これも由香に持ってきたの」

当時、珍しかったパッションフルーツや、生の枝付きのライチ、グレープフルーツ、マンゴーが袋に入っていた。缶詰のライチは見たことはあったが、生のライチは初めてだった。そのほかも見たことのない果物ばかりで、私が「これは何ですか？」と尋ねるのをニコニコと聞いていた。

輝子は私の家にくる時は必ず、山形上山《かみのやま》名産ののし梅や、富貴豆《ふうきまめ》、さくらんぼなど、自分の好物の果物やお菓子を持ってきた。なかでも帝国ホテルのブルーベリーパイは大のお気に入りで、ブルーベリーというものを初めて知ったのもこの頃だ。

「イースター島では移動するのにトラックの荷台に乗せられて、それは大変だったのよ」

輝子は嬉《うれ》しそうに言った。南米は蚊や虫がたくさんいて、ピラニアやワニもいたらしい。しかも湿度が高くて、ベッドのシーツはベタベタしていた。

それらも輝子には何の苦労もないようだった。

鬱病《うつびょう》の父が夕方まで寝ていて、ようやく起きてくると、輝子は開口一番言った。

「宗吉《そうきち》、あなた、いつかガラパゴスに行っておいた方がいいわよ。あの島は実際に行ってみないとダメ。外界から全く隔絶された地でね、何千年前から動物の進化がストップしたままで、生物の楽園なのよ」

「こちらはいろいろ忙しいんで……。お母様は暇がありすぎるんですよ」

父は呆《あき》れかえって返す言葉も弱々しかった。

七十九歳で南極に行く

昭和四十九年、初秋のある日、松原の家に伯母の美智子《みちこ》から電話があった。住み込みのお手伝いさんが電話を母に取り次いだ。私は十二歳だった。

「奥様、大京町《だいきょうちょう》の奥様からお電話でございます」

母はお手伝いさんに、輝子を大京町の大奥様、伯母の美智子を奥様と呼ばせるようにしていた。

十二月初旬に、輝子の数えで八十歳の傘寿《さんじゅ》のお祝いの会食があるので、「由香さまもご一緒にどうぞ」という案内だった。伯母は言葉遣いがことのほか丁寧だ。

母は輝子が大人達の会食に子供が同席することを禁じており、「齋藤家の家憲」だということを知っていたのでとても驚いた。伯父達には四人の子供がいるが誰もそういった席に呼ばれたことがない。しかもこの時は大人でも気の張る「吉兆」であった。母は伯母に対して申し訳ない気持ちでいっぱいで、「まだ由香は子供ですのでおいてまいります」と断りの旨《むね》を伝えたが、輝子は連れてくるように言っているという。

これは母にとって大事件だった。

「どうしていいか本当に困ってパパに相談したのよ。お義兄様《にい》のところにも、茂一《もいち》さん、章二さん、恵子さん、徹三さんがいらっしゃるのに」

私が二歳の時も、「由香も一緒に」という輝子の一言で、原宿にある中華料理店に連れて行かれたことがあった。その時も、母は伯父茂太の子供達が会食に呼ばれていないのを知っていたから戸惑ったという。

その時の様子を父に聞いてみると、父もこの騒動を覚えていて「あの時はお兄様もちょっと不機嫌で、パパも困ったんだよ」と言った。

私は輝子が年をとってから生まれた一人っ子の孫だった。輝子はいつも「由香は一人で可哀想《かわいそう》ね」と言っていた。茂太のところには四人も子供がいて賑《にぎ》やかだからそれに比べて不憫《ふびん》だと思ったのだろう。また華やかに活躍している茂太と違って、父は躁《そう》病《びょう》になったり鬱病になったりの変人だったから、娘の私を気の毒に思ったのかもしれない。

当時を思い出して伯母の美智子は笑う。

「確かに、輝子おばあさまは大人の会食に子供を連れていくことはお許しにはなりませんでした。ただし、由香さまはおとなしくていらして、輝子おばあさまのお気に入りでございましたから」

結局、傘寿の祝いには十二歳の私も同行することになり、銀座八丁目にある「吉兆」に向かった。

私は紺色のワンピースを着ていた。襟にはピンクやブルーの花柄の刺繡《ししゅう》があしらってあり、お気に入りの服だった。この日のために母は黒色のエナメル靴も買ってくれた。

料亭は数寄屋普請《すきやぶしん》になっており、広い玄関では着物姿の仲居さんが列をなして出迎えてくれる。シーンと静まりかえったお座敷に案内される。座布団《ざぶとん》はふかふかでお尻《しり》がすっぽりと入ってしまう。先付からはじまり、輝子が好きな白身のお刺身や、天ぷら、焼き物……、いわゆる懐石なのだが、今まで見たことがない盛りつけの料理が次々とでてくる。お祝いの席にふさわしい真白な鶴《つる》の器もあった。漆塗りに金の蒔絵《まきえ》の描かれた器はどれも高価そうで、お椀《わん》の蓋《ふた》を取るだけでも緊張した。

会食は和やかに進んだが、輝子の話は十二月二十五日から出発する南極のことばかりだった。しかし、豪傑輝子にもアキレス腱《けん》はあった。それは船酔いだった。南極に行くためには十九日間もの航海があり、苦手の船酔いが心配だという。

実は輝子は何年も前から南極旅行を考えていたらしい。アメリカの旅行会社、リンドブラッド社のニューヨーク本社から、勝手に南極旅行の内容とスケジュールを、伯父一家に内緒で取り寄せ調べていたのだ。しかし、十九日間も船旅があることを知り断念していた。

その四年後、リンドブラッド社が日本に支店を出し、営業マンが南極旅行の勧誘のため大京町の齋藤病院にやってきた。

「齋藤輝子様、是非とも南極の旅に参加されてはいかがでしょうか」

「わたくし、南極には行きたいけれど、船に弱いからだめだわ。長い船旅は無理なのよ。五十年前、まだ飛行機がない時代に、茂吉のヨーロッパの留学先を訪ねるのに、横浜からマルセイユまで四十五日かかって船で行ったけれど、船酔いでひどい目にあいましたから」

「では、齋藤茂太先生をお供にはいかがでしょう」

「茂太は病院の診察があるし、忙しいから無理です」

「では北先生をお供にされるのはいかがでしょう」

「宗吉は今ひどい鬱病なので無理です。わたくしは、どうしてもあのドレーク海峡を乗り切れる自信がないから断わります」

ドレーク海峡は南米大陸と南極大陸の間の海峡で、荒れる海としてつとに知られていた。

そうは言うものの、輝子の心中はまさにドレーク海峡のように波立っていた。

毎年何回も海外旅行に行き、北極にも二回も行った。あらかた世界中の国を訪ねたが、南極とチベットとブータンだけが残ってしまったのである。死ぬまでにその三つの土地に行かねばならないという思いは輝子の中でますます強まっていく。

しかも旅仲間である森繁久彌《もりしげひさや》さんの奥様が南極に行ってきたという。負けず嫌いの輝子は、悔しくてたまらず、早速、森繁さんの奥様に尋ねた。

「南極のご旅行はどんな具合でしたか」

「それはひどいところで、とてもお勧めできませんわ」

ところが、逆にその言葉が輝子を刺激した。

ある時、政府の高官が飛行機で昭和基地に行くというニュースが流れると、「わたくしも連れていって」と、高官に直接申し込んでしまった。

当然のことだが、その高官からは「残念ですが、昭和基地から『女性用の設備がない』という連絡がありました。申し訳ございませんが同行していただく訳には参りません」と断わりの電話があった。

ダメとなると、輝子のエネルギーが爆発する。

「南極だけ行かないのも何だかサッパリしないわ」

ついには誰にも相談せず、「五十回目の海外旅行記念」と称して、勝手に南極旅行を決め、「南極なら、茂太か宗吉のどちらかがついてきてくれるだろう」と、二人分のツアーを申し込んでしまった。

「わたくし、南極に行こうと思うの。茂太、お供でついてきてくれない？」

南極旅行に申し込んだことを、まず同居している伯父と伯母に話すと、二人は猛反対した。輝子は七十九歳の高齢だ。不測の事態が起きて、一緒に旅行する人達に迷惑をかけては大変だ。

「お母様、さすがに南極はお止《や》めになったほうがよろしいですよ」

しかし、輝子のあまりに強い決意に、「そこまで強くおっしゃるのなら仕方がない」と折れた。折れたというより、一度言い出した輝子を説得できる人はいなかった。

輝子はてっきり茂太が同行してくれると思っていたが、伯父はあまりに病院が忙しく、前年、ニュージーランドを訪れた際、眼底出血を起こしていたので、同行は無理だと諦《あきら》めた。

すると、今度は父を説得しようと松原の家にやってきた。

夏に大躁病だった父は鬱病になっていた。しかも不眠症で睡眠薬がないと眠れない。

輝子がやってきた日も夕方まで寝ていて、「お義母様《かあ》がいらしたわよ」と母に起こされ、ぼさぼさ頭で夕食の席に朦朧《もうろう》と座った。

「宗吉、あなた、南極に一緒に行ってくれないかしら？」

「お母様、本当にそんなところにいらっしゃるんですか？　もうお年なのだから、お止めになられた方がいいですよ。わざわざ南極に行っても見るものは氷山とペンギンだけですよ」

「そうよ。それを見たいのよ」

「僕は来年の二月には遠藤周作さん達とヨーロッパに行くし、それよりも今、鬱がひどくて、とてもそんな気力はございません」

「宗吉はだらしがなくて本当に仕方がないわねえ。もうこうなったら、わたくし、一人で破れかぶれで行くことに決めます！」

ツアー代金は一人百七十一万円。二人部屋を申し込んでいたのだが、結局、一人で使うためにシングルユースの追加料金を五十万円も払うことになった。

さらに「六十五歳以上は健康診断書が必要」だという。

松原の家にくるなり、輝子は嬉しそうに言った。

「今まで健康診断なんて受けたことがないのに初めて受けたのよ。そうしたら、半分くらい赤字で要注意なんですって。特に高血圧だから、寒いところは絶対だめだって」

「えっ、じゃあ、おやめになるんですね」

「それでもどうしても行きたいから、茂太に、無理矢理、『異常なし』という診断書を書かせたのよ」

南極旅行が決定したが、輝子の心配は、高血圧で死ぬことでも南極の寒さでもなく、「船酔い」だけだった。

南極に行くためには、まずニューヨーク、ブエノスアイレスを経由してフエゴ島のリオグランデで飛行機を降り、バスで六時間も移動して、南米大陸の最南端の街ウスワイヤに到着。そこから二五〇〇トンの「リンドブラッド・エクスプローラー」号に乗船し、十九日間の航海がスタートするのだ。

「ドレーク海峡の往復の六日間さえ乗り切れば、あとはどうにかなるかしら」

どうやってそれを乗り切ろうかと、毎日、必死で考える。

「死んだようになって寝ていればいいわけだわ」

輝子は伯父に頼んで睡眠薬六日分を処方してもらい、宇宙服みたいな重い真っ赤なダウンコート、ダウンのズボン、毛皮の帽子、純毛の靴下六足、毛皮の手袋六つ、セーター、厚手の下着、グリーンランドで持っていかずに苦労したアイスブーツを購入し、特大のスーツケースに詰め、準備万端で出発の日を待った。

そしてついに昭和四十九年十二月二十五日に輝子は南極へ出発した。翌年の一月二十一日に帰国する一ヶ月もの長旅である。

「お母様は、元旦《がんたん》は南氷洋の航海をしている頃かな」

さすがの父も食卓に貼《は》ってある旅行日程表を見ながら、輝子の無事の帰国を祈った。

心配性の母は気が気でなかった。

「ついこの間、重篤《じゅうとく》の知らせがあり、イルクーツクにお迎えに行ったばかりですのに……」

しかし、体調を崩すことも熱を出すこともなく、一月二十一日、七十九歳の輝子は元気で帰国し、「明日の午後には松原の家に行きます」という電話があった。

あまりの元気に母は驚愕《きょうがく》した。

私は放課後、運動場で遊ばずに帰ると、輝子の車がすでに止まっていた。

「輝子おばあちゃま、お帰りなさい！　お疲れはございませんか」

「あら大丈夫よ。南極で着た防寒服を見せようと持ってきたのよ」

大きな紙袋の中には南極で着た赤い防寒着が入っていた。台所ではお手伝いさんが、輝子の好きなお抹茶を立てていた。鬱病《うつびょう》の父がボサボサ頭にパジャマ姿で起きてきた。

「お母様、よくぞご無事でお戻りになられました」

南極から帰ったばかりの輝子より、父の方が生気がなかった。マルチーズのコロがはしゃいでワンワン吠《ほ》えると、家中がほっとした安堵《あんど》の空気に満ちて、輝子のおかげで華やいだ雰囲気になった。

輝子は大きな紙袋からゴソゴソと防寒着を取り出した。

「わたくし、これを着て南極を歩いたのよ」

厚みが十センチ以上あるふかふかの防寒服で、小柄で細身の輝子が着ると、どこに人がいるかわからない。宇宙人のような出《い》で立ちにみんなで大笑いした。

「おばあちゃま、そんな格好をしてお歩きになったんですか。お寒くなかったですか」

「全然ヘッチャラよ。あちこちの基地に上陸したけど、一昨年にガラパゴス島に行った時、ボートに乗り移る訓練を受けていて、それが役立ったのよ」

夕食は母の作った料理が並んだ。輝子が好きな白身の刺身や煮物もあった。輝子は甘党で、春菊の胡麻和《ごまあ》えも煮物も甘いのを好む。いつも母は台所で春菊の胡麻和えを作ると、私に、「由香、これ甘すぎるわね？」と聞く。

「甘すぎる！ でも輝子おばあちゃまって、美味《おい》しいものが好きとおっしゃるわりに、実は甘いのがお好きなんだよね。これでいいんじゃない」

果たして食卓では、春菊の胡麻和えを、「美味しいわね」と言うので、母と私は目配せをした。甘くないと、砂糖をかけて食べる程だった。

他には手巻き寿司《ずし》を用意していた。輝子は、白身魚はポン酢をつけて食べ、鮪《まぐろ》を手巻き寿司にして食べるのを好み、手巻き寿司を作るのは私の役目だった。

「おばあちゃま、お巻きしましょうか？」

「ええ、巻いてください」

父がビールを飲みながら言った。

「お母様、南極の船酔いは大丈夫でいらっしゃいましたか？」

「奇跡が起こったのよ。船に乗って、すぐ部屋にシップ・ドクターにきてもらって、『息子からこの睡眠薬をもらってきたけど飲んでいいか』って処方箋《しょほうせん》を見せたら、『大丈夫です』と言うの。それでも船酔いが心配なので『インジェクションして下さい』って頼んだら、お尻《しり》に酔い止めの注射をしてくれたの」

「注射をすぐにするのはヤブ医者ですよ」

「それから睡眠薬を飲んで、すぐにベッドに潜り込んじゃった。そうしたらあとは何も知らないの。フッと目が醒《さ》めたら、ナースがスープを持って入ってきたところだったの。あの船はルームサービスをしないことになっていたけど、わたくしが全然出ていかないし、寝たきりだから心配して見にきてくれたの。それでスープを飲んでまた寝ちゃった。それから目が醒めたからダイニングルームに行ったのよ。わたくしが船に弱いことをみなさんご存知だから、小松左京さんが、『奇跡だ！　奇跡だ！』って喜んで下さったの。世界各国から集まった九十人のツアーで日本人は十六人。その日は大晦日《おおみそか》だったんですって」

輝子は、翌日の元旦も、船酔いすることもなく、元気にダイニングに行った。

「『お正月だからお祝いしましょう』って、みんなでワインを飲んだけど、あの船のワインにはまずくて閉口したわ。八種類ぐらいしかないの。あまり上等なのはなかったわね」

その後の航海でも相当揺れたが、輝子は団体行動についていくことができた。南極に到着すると、毎日、「ゾディヤク」というゴムボートに乗り移り、いろいろな拠点を観光する。

「ボートに乗るのは本当に骨が折れたんだけど自分でできたの。その時、ガラパゴスでの経験って大したものだと思った。一歩間違えば海中にドブーンで即死ですからね」

「そうですよ、即死ですよ」

父は嫌な顔をした。

「おばあちゃま、お寒くなかったですか」

「零下二、三度だから、それほど寒くはなかったですよ。ただ風が強くてね、天候がすぐ変わるんですよ。北極は二回行ったけど、やはり南極の方が厳しかった。そういえば、シップ・ドクターが夫妻で乗っていたの。多分、一緒に行ったＴＢＳの人から聞いたんだと思うけど、奥さんが部屋に遊びにきて、『あなたのご主人は日本の大変有名なポエットだそうで、私はポエムが大好きだ』なんて、お世辞を言うのよ。そして、わたくしを大切にしてくれて、わたくしの顔を見るなり、『インジェクションしてあげよう』って、そのドクターがからかうの。人の顔を見ると、『インジェクションしてあげよう』って言うから、『ノー・モア・サンキュー』って言ってやったわ。それでとうとう十九日間をパスしちゃった。ところがもうひとつ大変なことがあって、氷上を歩くためのステッキがなかったの。みんなは用意していたんだけど、わたくしだけなかったのよ」

私はびっくりして「えっ、何故《なぜ》、持っていらっしゃらなかったんですか？」と聞いた。

「日本で南極旅行の説明会があったけど、ニューカレドニアに行っていたから出席してないのよ。これは困ったと思っていたら、初めて島に上陸した時、ぶっこわれた掘立小屋があって棒きれがあったの。それを拾って握る部分に紙を巻いてステッキ代わりにして、それがあったので助かったの。島は岩礁《がんしょう》でできているからツルツルと滑るし、デコボコだから杖《つえ》が必要なのよ」

輝子はあっけらかんと答える。それから堰《せき》を切ったように南極の動物たちの話をする。

そんなときの輝子の目は子供のように輝く。

「ペンギンの島でね、エレファント・シールという口の大きな象アザラシを見ましたよ。上陸すると、みんなスタコラと方々へ行ってしまうけど、わたくしは面倒くさいから、象アザラシが口を開けたところを写真に撮ろうと思って、粘って象アザラシの近くに立っていたの。ところがなかなか口を開いてくれない。そのうち、どうしたはずみか、わたくしを目がけてペタペタと近寄ってきたのよ」

「象アザラシがですか？」

今度は父がびっくり。

「そうなのよ。こんなに大きいのよ。それが近寄ってくるもんだから、噛《か》みつかれちゃ、かなわないと思って、防寒具で歩けないのにスタコラ一生懸命に逃げたの。でもついに追いつかれちゃって、もうダメだとペタンと座ったら、大きな口を開けてそばまで来る。でも噛みついたり唸《うな》ったりしないのね。それで助かっちゃった。オスは五、六匹のメスの間に寝そべったままで、あんなにものぐさな動物って滅多にいないわ。宗吉みたいだと思った」

「ペンギンはかわいかったでしょう？」

「かわいいけど、全然人間には知らん顔よ。いくらそばに行っても知らん顔。卵を抱いているのに近寄ると、取られると思って喚《わめ》き立てるけど、ペンギンの島は全島にペンギンがいて、あっちから人間を観察しているようなのよ。ペンギンを食べてみたいと思ったんだけどね」

私は唖然《あぜん》として思わず口走る。

「おばあちゃま、ペンギンをですか!?」

「残念ながらだめだったの。前にアイスランドのレイキャビックのホテルで雷鳥《らいちょう》を食べさせてくれたの。日本じゃ、禁猟だから食べられないけど、そういうことにぶつかると嬉《うれ》しいのよ。ペンギンの死骸《しがい》がいっぱい転がっていて、犬ゾリの犬はペンギンを食べていたけどね」

「犬ゾリにも乗られたんですか？」

「今はスノーモービルになっていて、犬ゾリは時代遅れ。だから乗ってないわ。でも外国に行くと、日本人ってだめね。エスコートしてくれるのはみんな外国人。南極では十人でグループをつくってボートに乗るんだけど、わたくしはいつも外国人の中に入っていたわ。その方が親切にされるのよ。見知らぬ外国人がちゃんとエスコートしてくれるの」

父が訳知り顔で合いの手を入れる。

「日本人の男はだめですなあ。南極ではどこの基地に行かれました」

「アルゼンチンとチリとイギリスとアメリカね。それからロシア。施設はどこも非常に贅沢《ぜいたく》だけども、アメリカさんが落ちぶれたとはいえ大したもんよ。だってステーションの中に入ると暑くて、アイスクリーム製造機もあるのよ。チリも設備は整っていました。感心したのがトイレとバスタブ。ホテルと同じような立派なものがついているの。わたくし、上陸する時は絶対にトイレに行かないように、飲み水も飲まないの

「雪の上ですればいいでしょう」

「だってあなた、防寒具を取るのが大変なのよ。一人でなんか出来ないよ」

「とにかくもう二度と南極には行かないで下さい。南極なんてつまらないとこ、見るとこはほとんどないでしょう。ペンギンと氷山だけで」

「でも、一度は行くべきよ」

「ボクは行かなくても何でも知っているの。ペンギンと氷山だけじゃ、もったいない」

「そうは言っても、あなた、氷山は見たことあるの？　流氷が実に見事ですよ。氷山はカナダやアラスカでも見たけど、南極の氷山は青く輝いて実にきれいだったわ。真っ白い氷の中に冷たい感じのペール・ブルーが包まれているの。夜空を舞うオーロラとか、そりゃあ、きれいよ。あなたも一度、南極にいらっしゃいよ。それだけの価値がありますよ。半分命がけですから、健康でなければ行けませんよ」

「うーん。遠いですからねえ」

「アラスカで小さい氷山を見たけど、あんな雄大なのは、やっぱり南極まで行かなきゃ、見られないわね。これがお土産の石よ」

輝子は持参した南極の石を見せた。どこにでもあるような普通の灰色の石だった。

「今回の旅は行くときから荷物が三十キロを超えたの。だからエコノミーじゃダメだから、ファーストクラスにして下さいって日本で頼んだのよ。そうしたら、ツアーで一人だけファーストは困るから我慢して下さいと言われ、しかたなくそれで行ったの。帰りは、みんな石ころを、うんと持ってきているのよ。空港で計ったら、みんなオーバーで、オーバー分を払って欲しいと言われたもんだから、慌《あわ》てて空港で荷物を開けて石を出していたの」

「輝子おばあちゃまはオーバーしなかったんですか？」と私。

「わたくしは初めからそのことがわかっていたから、小さなのを五つだけ持ってきたの。南極ならもう一度行ってもいいわ。どこのステーションでも設備は整っていますからね。ただし、昭和基地まで行かれないのが残念なのよ」

「昭和基地は全然場所が別でしょう？」

呆《あき》れて父が言う。

「ええ、大きな砕氷船でなきゃあ、行かれない。だから普通の南極でいいから、もう一回、行きたいわ」

「それより、お疲れでしょうから、しばらくは日本でごゆっくりなさってくださいませね」

と母が懇願する。

だが家族の心配など歯牙《しが》にもかけないで、輝子は言い放った。

「これで行ったことがないのはブータンとチベットだけだから、この四月にブータンに行こうと思うの。前に行こうと思ったらあの国は鎖国をしていて行けなかったのよ。日本の学術探検隊は入国したことがあると聞いたけどね。ラマ教に特別興味があるわけではないけど、いっぺんは行っとこうと思ってるのよ」

八十歳でエベレスト・トレッキング

七十九歳の輝子は昭和五十年一月に南極から帰国して、本当に四月には鎖国を解いたばかりのブータンに行った。そして、八月エーゲ海、九月サハラ砂漠、十二月メソポタミア、シリア、翌年二月南米、四月オーストリア、スイス、六月パリ、ブルゴーニュ、八月スコットランド・アイルランドに行き、ついには十月エベレスト中腹、四千四百メートルのトレッキングに出かけた。

エベレスト山麓《さんろく》のトレッキングは、「高齢者には危険すぎる」と全員が猛反対したが、輝子の強い決意を誰も翻意《ほんい》させることができない。

結局、茂太の長女である恵子が同行することになったが、酸素ボンベを持参する過酷な旅だった。まずエベレストの山麓にあるホテル・エベレストに辿《たど》り着いた。シャンボジェというところまで、ピラタス・ポーター（スイス製の山岳用小型機）で飛び、そこから一時間半の山歩きである。

伯父は恵子に、「高山病になるから、ノロノロと一歩一歩歩くように」と注意していたので、輝子もそれを守り、たまにシェルパにおんぶしてもらったり、ヤクの背に乗ったりした。ツアー客の中には標高四千メートルで高山病に倒れたり、嘔吐《おうと》する者も出始めたが、ふらふらの輝子は弱音を吐かない。

ついに耐えられなくなった人たちが下山していく。

しかし、輝子は真っ青な顔、うつろな目をしながら頑張っていた。ほとんど口もきかず、黙りこくる。思考力がなくなり、同じ歌ばかり繰り返す若者もいた。

それを見て、恵子は、輝子に言った。

「旅行会社の部長さんも高山病にかかったみたいなの。でもおばあちゃまが下山しないうちは、責任上、部長さんも頑張ると意地を張っているみたいなの。お願いだから、一緒に下りてあげて。可哀想《かわいそう》だから」

「仕方ないわねえ。わたくしは全然何ともないのに、何てだらしのない人なんでしょ。でも下りないと言っているんじゃあ、わたくしが下りてあげなくちゃ仕方ないわね。全く、わたくしより若いのにだらしがないわねえ」

その頃「四四〇〇メートル、バンザイ」という電報が、東京の伯父の家に届いた。輝子が機上で打つことを命じたそうで、外国人女性高地登山世界最高齢者だった。

帰国するなり、輝子は父や母に大満足で報告した。

「エベレストでわたくしだけが酸素を吸わなかったのよ。年寄りのわたくしがピンピンしているのに、男のガイドが倒れちゃったのよ。男なのに情けないったらありゃしない。わたくしは何ともなかったのに、仕方なくわたくしも下ろされたのよ」

それは実のところ、旅行会社の部長が、プライドの高い輝子をあきらめさせるために打った芝居だったのだが……。

エベレストから帰国すると、翌月にドイツ、十二月にはアフリカ一周に出かけた。

「死ぬまでにマウンテンゴリラをどうしても見たい」と、旅立ったのだ。

帰国すると、アフリカの原住民が作った布製のかばんをお土産に持ってやってきた。

当時、珍しかった高価なキーウイフルーツも袋に入っていた。

母は、「まあ大変！　おそらく美智子お義姉《ねえ》さまが買っておかれたものをお持ちになったのではないかしら」と焦《あせ》る。お中元やお歳暮の海苔《のり》も入っており、母は伯母に申し訳ないと小さくなっていた。

「お義母様《かあ》、せっかくですから、キーウイを召し上がりますか？」

「わたくし、キーウイは嫌いなの。あなたたちで召し上がれ」と、こともなげに言った。

お土産の中には大きなダチョウの卵があった。

「パパ、ママ、見て！　二十センチくらいあるよ！」

楕円形《だえんけい》で、鶏卵《けいらん》のように白色でなく、ベージュ色。二個のうち一個は割れていて殻だけだった。

「今回、アフリカのマウンテンゴリラを見に行ったのよ。あまりに奥地まで歩くものだから、わたくし、途中でのびてしまってガイドが背負ってくれたの。ところがそのガイドがわたくしよりも小さくて細くて、途中でへばってしまって大変だったのよ」

輝子は嬉しくて仕方がないという顔で話した。旅行中のトラブルを話す時に嫌な顔をするのを見たことがない。大変だったこと、苦労したことが元気の糧《かて》になる。

私は輝子が話すアフリカのジャングルやマウンテンゴリラなど想像もつかなかった。輝子は土産話を一つ一つ箇条書きでメモしており、矢継《やつ》ぎ早《ばや》に一人で話す。次々に話し終えると満足して猫を見た。

食卓の下には太った猫がでれーっと寝そべっている。当時、近所でダンボール箱に入った子猫がよく捨てられていた。この猫も私が小学校の帰り道に拾ってきたのだ。茶色なので「チャコ」と呼んでいたが、すぐに大きくなり、まるまると太ってふてぶてしくて、捨て猫の面影はいまやどこにもなかった。

輝子は見てくれの悪いチャコを見て眉《まゆ》をひそめた。

「まあ、なんて汚い猫でしょう！　蹴《け》っ飛《と》ばして捨ててしまいたいところだけど、由香が可愛《かわい》がっているなら仕方ないわね」

「えっ、猫を蹴っ飛ばすんですか！」

「そうよ。おばあさまは猫が大嫌いなの。こんなに不器量な猫、本当なら捨てちゃうところだけど、どうしてこんなのがいいの？」

その昔、齋藤病院ではチロという三毛猫を飼っていたが、輝子は庭の手入れをしていた植木屋さんに命じて捨てさせた。ところが、捨てても捨ててもチロは現れる。ついには、お手伝いさんに命じて、東京の西の果てまで捨てに行かせたことがあったらしい。

輝子はチャコの悪口を言いながら、伊予柑《いよかん》を食べ始めた。

すると果物が大好きなマルチーズのコロが「キュン、キュン！」とねだった。

私が幼稚園の時、一人っ子でかわいそうだからと母が飼ってくれた犬だった。日頃、何かをねだる時、「ワン」と大声を出すのだが、輝子には遠慮して、「キュン」と鳴いている。

輝子は、犬や猫を飼ったことがないから、「キュン」と鳴く意味がわからない。

「由香、何故《なぜ》、コロはこんな声を出しているの？」

「伊予柑が欲しいんです」

「まあ、こんなものが欲しいの？　チャコはかわいくないけど、コロはかわいいわね」

と言いながら、伊予柑の端っこの一粒だけを与えた。

私は子供心に思った。

「おばあちゃまはケチだなあ。何故、もっとあげないんだろう？」

輝子はチャコをひどく嫌ったが、コロだけはお気に入りで、ソファに座っていても、すぐに「コロ、コロ、コロッ！」と呼ぶ。

庭に出て、「みんなで写真を撮りましょう」という時も、必ずコロを抱こうとする。しかし、輝子は犬を触ったことがないので、どのように抱いていいかわからない。コロの前足を一本だけつかんで持ち上げようとする。マルチーズは神経質な犬で、コロは私の抱きかかえ方が悪いとすぐ唸《うな》るが、輝子が尻尾《しっぽ》を引っ張ったり、後足を引っ張っても絶対に唸ることはなかった。

それを見て、「へえー、犬は人間の上下関係をよく見ていて、誰が偉いか、ちゃんとわかっているんだなあ」と思った。

八十一歳で海抜四千メートルのチチカカ湖に落水する

今、私の手元には、輝子がペルーで買ってきたアルパカの真っ白な毛皮がある。首に巻くとちょうどいい長さになっており、ふわふわでとても気持ちがいい。

アフリカ一周の旅から帰国すると、八十一歳の輝子はペルーに行った。

マチュピチュに向かう途中に立ち寄ったクスコは、標高三千四百メートルもあり、旅行客の中には高山病になったり、酸素ボンベを吸う人もいたが、輝子はケロリとしていたという。

クスコからは四時間ほどの汽車旅だった。汽車には食堂車があり、時間になると、食堂のボーイが注文をとりにくる。食事は大皿にいろいろな豆類が混ざったペルー料理だった。

マチュピチュに向かう途中、駅に停まる度にインディオたちがトウモロコシで作った大きなパンや花、アルパカの毛皮などを持って車内に入ってくる。直径一センチもの大きな粒のトウモロコシは甘くて美味《おい》しいので、輝子は一本買った。

その中に真っ白なアルパカの毛皮のマフラーがあった。五十ドルもするというが、値切っていくと二十ドルになった。

汽車がボーッと汽笛を鳴らした瞬間、輝子は、「十ドル！」と叫んだ。

「ノー！　ノー！」

結局、汽車が動き出した瞬間、輝子が押し切って十ドルで購入したアルパカなのだ。

昭和五十二年、ペルーから帰国した翌日、例によって輝子は世田谷松原の家にやってきた。

「由香、これ、アルパカの毛皮ですよ。おばあさま、ペルーのチチカカ湖で水に落ちたのよ」

すでに旅行社を通じて伯父の家にその様子が報告されていて、「普通の日本人女性なら下着を脱ぐのを恥ずかしがるところを全部脱がれた。あの寒さであの標高ですから、もし濡《ぬ》れた下着を着ていたら肺炎になって、命が危なかったかもしれません」と、聞いていた。

父は寝室からやってきてすぐに聞いた。

「お母様、どんなところで落ちたんですか？」

「チチカカ湖の湖畔に水中翼船があって、それに乗り込もうとした時、落ちたのよ。それが、あなた、嵐《あらし》で桟橋がなくなってたのよ。船と岩場を細い板一枚で渡していて、フランス人の旅行者に続いて、わたくしが船に乗り込もうとした瞬間、ちょっと波がきて、板が船から離れ、ドボンと落ちてしまったの。海抜四千メートルだから寒くて寒くて」

「で、どうされたんですか？」

「二、三人で引き上げてくれて船に上がったはいいけど、ぞくぞくと体温が下がってくるのがわかるの。〝こりゃあ、このままだったら一巻の終わり〟と思いました。周りはインディオの集落ばかりだから医者もいないし、ホテルもないから、いっそ思い切って裸になっちゃったほうがいいと思ってトイレットの中で全部脱いじゃった。寒いところだから、お客に貸すブランケットがたくさん積んであって、それを借りて体にすっかり巻きつけて、船内でうずくまっていたの」

「それは災難でしたなあ」

「とにかく大変でしたよ。まあ死ぬのは構わないけどね。うちの者が誰か遺骸《いがい》を引き取りに来なきゃならないでしょ？　さすがの茂太も困るなと思ったの」

「そもそも何でそんなところへいらしたんですか？」

「わたくしのあこがれの場所だったのよ。南米に行くとよく空港に、舳先《へさき》が尖《とが》ったカヌーみたいな舟を、ポンチョを着て耳隠しの帽子をかぶったインディオが漕《こ》いでいる写真が飾ってあるのを見ていたの。いい景色だな、一度行きたいなと思って」

「あっ、それ、ボクも見たことがある」

「長い間、その風景に魅せられていたのに、そんな舟はどこにもないの。ただもう荒涼とした湖が見えるだけなのよ。対岸に一艘《いっそう》あっただけ、それも観光用でがっかり。とにかくあそこで風邪《かぜ》を引いたら終わりだったわね。チチカカ湖に落ちた最高年齢だったらしいわよ」

何でも一番が好きな輝子は嬉《うれ》しそうだった。

前年、父は大躁病《だいそうびょう》で、株の売買に明け暮れ、ついに破産していた。

チチカカ湖に落ちた話が一段落すると、輝子は躁病の父に聞いた。

「宗吉、生活は大丈夫ですか？　生活には困ってませんか？」

「大丈夫ですよ」

「齋藤家には株はやってはいけないという家訓があるのに」

クドクドと怒っていたかと思うと、母と私に向かって、「喜美子《きみこ》も由香もかわいそうに」と哀れんだ。

「本当に大丈夫なの？　わたくしは立派にやっている人のことは放っておくの。その代わり、落ちぶれていく人には親切にしたり、助けてあげたいの」

輝子は人の好き嫌いが激しい。

その昔、茂吉《もきち》の弟子だという人が遠くから上京しても決して会おうとしなかったのだが、その人が後に生活に窮《きゅう》し困った様子を見せると手をさしのべたという。

実は輝子は、毎年、日本赤十字社には百万円を寄付しており、長年の功績で表彰されてもいた。普段は質素に暮らし、贅沢《ぜいたく》を嫌った。しかし、本当に大切な時には出費を惜しまなかった。

夕食の席で、嫌いな人の話になると、輝子が必ず言うお気に入りの台詞《せりふ》がある。

「わたくしの嫌いな人は必ず没落します」

その口調が時代がかっていて、父が破産して家にお金がないというのに私達は大笑いした。

輝子は高齢になればなるほど、まるで意地を張るように海外旅行に出かけた。それも滅多に人の行かないところを選んで行く。この文章を書きながら、私はそこまで行かなくてもと思わずにはいられなかった。茂太伯父は「輝子はいくつになっても好奇心の衰えない人だった」と言ったが、好奇心だけでこれほどの回数の海外旅行に行くだろうか。

そんなことを考えている時、ふと輝子の口癖を思い出した。「外国に行くと、よく寝られるのよ」と。いつもそう言っていた。

実は、輝子は海外に行きたいのではなく、日本にいたくなかったのではないだろうか。輝子は戦後日本の軽薄な風潮が、嫌だったのではないか……。

父にその疑問をぶつけると、あっさり伯父と同じ答えが返ってきた。

「それは考えすぎだよ。おばあちゃまは単に海外旅行が好きで好きでたまらなかっただけ。とにかく好奇心の塊だったからね」

第三章

失われた日記

昭和58年3月、87歳で最後の海外旅行、セイシェルでゾウガメの背に乗って
左右は北杜夫と由香

輝子と由香のハワイ旅行

プロローグに書いたように、私は小学校一年生から大学四年生になるまで、ずっと日記をつけていた。最初は今日はどのテレビ番組を見たとか、近所の誰々ちゃんと遊んだとか、他愛《たわい》のない内容ばかりだったが、中学生になってからは、家が破産した時の様子や、軽井沢で家族と過ごした夏休みのこと、初めて祖母と一緒にタイのパタヤビーチやインド洋西部のセイシェルを訪れた話など、旅先での会話やホテルで食べたメニューまで、克明に記していた。

就職が内定し、翌週に入社式を控えたある週末に自分の部屋を片付けた時、学生時代への決別の意味をこめて、教科書や答案用紙などすべてを捨てようと決意した。その中には、二十二歳までの毎日を綴《つづ》った日記が何十冊もあった。私はまさか文章を書く身になるとは露《つゆ》ほども考えなかったし、こんな日記を持っていても場所を取るだけで何の役にも立たないと思って、しっかり紐《ひも》で縛《しば》り、燃えるゴミに出した。輝子を思い出す度に、「あの時の日記があれば……」と、心底悔やんでいる。今ここに書き綴っているのは、その日記の亡霊といってもいいのかもしれない。

輝子と私が初めて一緒に旅行に行ったのは、昭和四十八年、私が小学校五年生の時だった。イルクーツクでの腸閉塞《ちょうへいそく》の手術から元気になると、突如、私を九州の徳之島《とくのしま》に連れて行くと言い出したのだ。

ある日、家に帰ると母が言った。

「輝子おばあちゃまが、今度の五月の連休に由香を徳之島に連れて行って下さるって」

名前も聞いたことのない島だった。

翌週、輝子がやってきた。

「由香、あなたは飛行機に乗ったことがありますか?」

「いえ、ありません」

私は首を振った。

「どうせ宗吉《そうきち》を誘っても、仕事を口実にして断わるに決まっています。喜美子《きみこ》と由香だけで飛行機に乗りましょう」

輝子はその昔、昭和四年に日本初の飛行機による本格的な旅客輸送が東京—大阪間で始まった時、中学生の長男茂太《しげた》を連れて立川飛行場から大阪に飛んだ。国策会社の日本航空輸送が開業したもので、双発のプロペラ機は乗員二名、乗客六名、最大速度二三〇キロ、運賃は三十円（当時の公務員の初任給は七十五円）だったという。

「日本で初めての旅客機におばあさまは乗ったのよ」というのが輝子の自慢だった。その血は明らかに伯父の茂太に受け継がれ、伯父は半端《はんぱ》ではない飛行機マニアになったのである。

さて、輝子の命じた日程をカレンダーで見ると、小学校の運動会と重なっていた。

「えーっ！　ママ、その日は学校の運動会だよ。どうするの？」

輝子はそれを聞いても、運動会などどうでもいいという顔で黙っている。

結局、母と相談して、「輝子おばあちゃまもご高齢だし、せっかくおっしゃって頂いたお話だから」ということで、私は運動会を欠席して徳之島に行くことになった。

連日、学校では運動会のために騎馬戦やフォークダンスの練習がある。四人で騎馬を組む時は、二人とか三人とか半端に余ってしまうグループに入れられ、二人で踊るフォークダンスは一人で練習させられた。愉《たの》しそうにはしゃいでいる友だちを横目に、子供心にも悲しくて複雑な思いであった。

いよいよ、運動会を蹴飛《けと》ばして徳之島へ出発する日が来た。

麦わら帽子にギンガムチェックのブラウス、キュロットスカート姿の私は、初めての飛行機旅行にだんだんと胸が高鳴ってきた。父母とは毎年夏には軽井沢に行っていたが、それは旅行というより、単に住む家が変わるだけで、日常生活の延長のような感覚だった。家族で軽井沢をドライブするとか、そんな経験も皆無。そういった意味では、父こそいないものの、私にとって初めての家族旅行と言えるものだった。

羽田空港から全日空の飛行機に乗り込む。搭乗タラップから見る機体は想像していたよりも大きく、機内に入った瞬間、何か別世界に滑り込んだ気分になった。椅子《いす》にはシートベルトがあり、座席のポケットには、イラストで描かれた緊急避難の説明が入っている。とにかく機内で見るものすべてが驚きの対象になった。スチュワーデスから配られたオレンジジュースに感激していると、カゴに入った飴玉《あめだま》が配られる。私は嬉《うれ》しくて嬉しくて、舐《な》めないでポケットに入れた。

鹿児島空港に到着すると、また別の飛行機に乗りかえるという。これから乗るという東亜国内航空の飛行機に向かうと、今まで自分が乗ってきた全日空や日本航空、ナウル航空など、他のジェット旅客機に比べオモチャみたいに小さかったので、今まではしゃいでいた気持ちが急にしぼんでガッカリした。

徳之島に到着すると、見渡す限りの草原だった。すぐに観光バスに乗り込んで島内見物に出発した。道沿いには、いままで見たこともない緑の濃い葉の大きな樹《き》がたくさん生えている。バスガイドさんが、「ソテツ」だと説明してくれた。見学に訪れたさとうきび畑では、生のさとうきびをナイフで切ってくれて、舐めると砂糖水の味がした。

いま思い出すと実に他愛のない事柄ばかりだが、当時、小学生の私にはどれもこれも新鮮な驚きだった。

午後、真っ白な砂浜のあるホテルに到着した。生まれて初めての海なので、とにかく真っ先に母と水着で海に出た。ところが五月なのでまだ海水浴には早すぎるらしく、浜辺は暑いが、海水は冷たかった。

「ママ、ちょっと冷たいけど海に入るね」

海水は薄い塩味がするのだろうと思っていたが、あまりにしょっぱくて驚いた。うっかり飲んでしまうと、口の中が塩辛くて何とも言えず不味《まず》い。

それでも砂浜でお城を造ったり、波打ち際《ぎわ》でゴロゴロ寝転がって抜けるような青空を仰ぎ見たりして時間を過ごした。

毎年、夏休みが終わると、クラスの友達は全員真っ黒になって登校してくる。「伊《い》豆《ず》の海に行った」「江ノ島に行ったんだ」などの会話が飛び交う中で、軽井沢にしか行ったことのない私は、それまで海を見たことも泳いだこともなく、海は遠くて不思議な存在だった。

だから初めての海で遊ぶのが嬉しくて仕方なかった。どこまでも続く白い砂浜で母と一緒に綺麗《きれい》な貝殻《かいがら》をたくさん拾った。

ホテルのベランダからは輝子が手を振っている。

「おばあちゃまー！　由香たち、ここにいるよーっ！」

輝子は満足そうに笑みを返した。

翌日は闘牛見学に出かけた。ガイドさんから「徳之島で一番大切なものは牛と闘牛。ここにいるのは特に大事に育てた牛です」と説明がある。小さな運動場ほどの闘牛場は柵《さく》で囲まれ、その周りには観光客だけでなく島民が何百人も詰めかけて、立錐《りっすい》の余地もなく、すごい熱気が立ち込めていた。大きな黒牛がずるずると引きずられてきたかと思うと、二頭を戦わせるために角を合わせる。巨大な黒牛は嫌がり、うまくいかない。男達は必死で角を合わせようとする。二頭が昂《たか》ぶってぶつかり合い、岩のような巨体に男衆がひきずられると、わーっと喚声が上がった。

炎天下、観客は吹き出る汗を拭《ふ》きながら、牛をけしかけ、怒鳴《どな》る。みんな日に焼けた肌が黒く骨太で、今まで見たことがないような風貌《ふうぼう》の人達だった。

闘牛の後は、「ハブとマングースの戦い」に連れて行かれた。巨大でうねうねと長いハブがいる囲いの中にマングースを放り込み、二匹が戦う。

母はこの残酷な見せ物を子供の私に見せたくないらしく、「由香、向こうへ行っていらっしゃい」と言ったが、私は好奇心いっぱいで、群衆の外から、チラッ、チラッと覗《のぞ》いていた。

日頃は着物姿の輝子は、白いワンピース姿でツバの大きな帽子を被《かぶ》って立っており、「おばあさまは外国でもっと太い大蛇を見たことがありますよ」と涼しい顔で自慢した。

昭和四十八年頃から、父の躁病《そうびょう》は判で押したように一年に一回の周期になった。年の四分の三は鬱病《うつびょう》で、ほとんど寝ている。その間は一日一食の隠遁者《いんとんじゃ》のような生活だが、夏の軽井沢から戻ってくると、必ず躁病になった。それを母と私は、「魔の九月」

と呼んでいた。

しかし、昭和五十年、父は何故《なぜ》か春先から躁病を発症していた。ある時、遠藤周作さんから別荘にイタズラ電話がかかってきた。

「ハロー、ワタシ、アメリカジンデス。キノウ、ニューヨークカラキタケド、アス、キタサンニ、オアイスルヤクソクデス。オボエテイマスカ?」

「あれっ、そんなこと約束しましたっけ!?」と、父はオロオロする。

すると、「ワッハッハッハッハッ。俺だよ俺、遠藤だよ!」と笑い声が受話器越しに聞こえてくる。遠藤先生はイタズラ好きで、時どき、ヘンな電話をかけてくる。父は同じ手口に何度も騙《だま》され、悔しい思いをしていた。

遠藤さんに騙された仕返しにと、今度は躁病の父が、阿川弘之さんや、佐藤愛子さんらに電話をかけ、ドイツ人のふりをする。

「ボク、どくとるマブゼデチュ。ダレダカ、ワカリマチュカ?」

みなさん、仕事で忙しいのに、こんなくだらない電話ごっこによくぞつきあって下さったものと思う。

昭和五十四年、八十三歳の輝子はアラビア半島への長い旅に出ていた。ある日、学校から帰宅すると、見なれた黒塗りの車があった。旅行から戻った輝子が来ているのだ。

慌《あわ》てて家に入ると、母は、父の株の精算のために銀行へ出かけて帰ってきたばかり。お手伝いさんが輝子にお茶を出したり、大慌てである。

父は暑い暑いと頭に濡《ぬ》れタオルを巻いて、新聞や雑誌を読んでは床の上にバサッ、バサッと放り投げている。尋常ならざる様子を見て、苦々しい表情の輝子に、母は思わず泣きついた。

「お義母《かあ》様、宗吉はどうしたものでしょう」

「本当にしようがないわね。喜美子、あなたは看護婦さんのつもりでおやりなさい」

「は？　看護婦さんでございますか？」

「病院で看護婦さんが患者さんを扱うようにすればいいのよ。実はわたくしもお父様からそう言われたのよ」

茂吉《もきち》は歌の創作に苦悶《くもん》する。その異様な姿に辟易《へきえき》した輝子は茂吉と衝突し、茂吉は輝子を殴った。茂吉は自ら日記にこう記している。

「玄関ガアイテヰルノデ注意ヲスルト、輝子ガ執拗《しつよう》ニ反対スルノデ頭ヲ一ツナグル」

「今朝モ気ガイライラシテ輝子ノ頭ヲ一ツナグッタ」

輝子にとって茂吉の暴力は耐え難いものだった。

「親にもぶたれたことのない五体に、ふた言目というよりはひと言目に手が飛ぶでしょう。そのときは、実にくやしかった」と晩年の輝子は父に語っている。

たまりかねた輝子は父の紀一《きいち》に訴えるが、紀一は輝子に諭した。

「茂吉は大成する人間で将来に名を残す。だから、大の虫を助けて、小の虫は殺さなきゃならない。馬鹿《ばか》になりきって終生看護婦のつもりで仕えなさい」と。

その後、母は何回も父の躁病に泣かされたが、「看護婦さんのつもりでおやりなさい」という輝子の言葉は母の励みになった。

何か父が騒動を起こすと、母は「看護婦さんのつもりにならないとね」と、私に言いながら自分を励ましていた。余程つらかったのだろう。

ところが若い頃は父の言動に泣かされていた母が、私が中学生になった頃から、「あなた、躁病のお薬をお飲み下さい」と、父に向かって命令するようになった。

大ゲンカして、父が、「喜美子、実家に帰ってくれ！」と怒鳴ると、「とんでもない。ここが私の家ですから、あなたが出ていらしてください。私は看護婦さんですから、あなたが私の言うことを聞く番よ！」と、言い返すようになった。

それにしてもこの年の父の躁病は特に期間が長く症状もひどかった。株の売買も異常な額にふくらんでいたし、部屋の中は足の踏み場もないほど乱雑を極めている。

輝子はこの気違いじみた家庭を見るに見かねたのだろう。

「宗吉には手の施《ほどこ》しようがないわね。一人っ子の由香がかわいそうだから、喜美子も由香もハワイに連れていってあげるわ」

輝子の誘いを受けて、私が高校二年の昭和五十四年九月、輝子、母、私の三人でハワイに行くことになった。

ホノルルへは早朝の到着だった。空港で首にレイをかけられ、リムジンでヒルトン・ハワイアン・ビレッジに着く。早速、ハイビスカス柄のサンドレスに着替え、黒地に花柄のワンピースの輝子と写真を撮った。

その夜は、ダニー・カレイキニ・ショーというハワイアン・ダンスを見ながらのディナー・バイキングだった。

「由香、おばあさまはフィジーでもタヒチでも似たような踊りを見ました。どれも大体似たりよったりなのよ」

輝子の物言いはいつも辛口で、それが妙におかしい。

翌日は、母と、「ハナウマ湾でシュノーケリングをしましょう」と決めていたものの、事件が起こった。母が日本から持ってきた封筒に入れた現金が見つからないのだ。当時、クレジットカードは日本では普及しておらず、もちろん母も持っていない。ホテル代はツアー代金ですでに払っているから問題ないが、母はオプショナルツアーに申し込めないと言い始めた。輝子に借りようにも、旅慣れた輝子はいつもの通り必要最小限のお金しか持ってきていない。

それでもお財布に入っていたお金で何とかハナウマ湾のツアーに申し込み、二人で浜辺を歩いていると、「ユカー！　おばちゃまー！」と声をかけられた。成城学園高等学校の同級生である社長令嬢が家族ときていた。私達が旅行二日目にシュノーケリングに行くと学校で話していたので待っていたという。

次の瞬間、母が咄嗟《とっさ》の行動に出た。

「大変申し訳ないのですが、お金を貸して頂けませんか！　持ってきたはずのお金が見つからなくて……」

母は私の友人のお父さんに頼み込み、その晩、ホテルにお金を借りに行った。

ところが、翌日スーツケースの内側のポケットからお金が見つかり、結局は大騒ぎしたあげく、友人にも恥をかいた。

そのことを知った輝子は呆《あき》れて言った。

「宗吉といい、喜美子といい、なんであなたの家はそろいもそろって役立たずでダメなのかしら？　わたくしは一人で旅行した方が百倍もラクチンだわ」

しかし、その毒舌にはいくばくかの愛情が籠《こ》もっているような気がした。

ドキドキの銀座デート

昭和五十五年八月、私が高校三年生になり、運転免許を取ると、車で輝子を大京《だいきょう》町《ちょう》に迎えに行き、わが家で夕食をとった後、送って行くのが私の役目になった。家での夕食が終わると、母が車のドアを閉めながら見送る。

「お義母さま、どうぞお気を付けてお帰り下さいませ。由香、くれぐれも慎重に運転してね。飛ばしちゃダメよ」

何度も何度も同じことを言われ、私はノロノロ運転で輝子を送った。齋藤病院の前に車を止め、輝子が転ばないようにエスコートして、玄関のインターホンを鳴らす。

するとお手伝いさんたちが玄関で三つ指をついて、「大奥様、お帰りあそばせ」と迎える。

伯母の美智子《みちこ》は「由香さま、わざわざお送り下さいましてありがとうございました」と言う。家の雰囲気も言葉遣いも、まるで皇族のそれのようで、私は古い日本映画の一シーンを見ているような気がした。

大学に入学すると、輝子から、「由香、銀座の『浜作《はまさく》』で、お昼でもいかがですか？」と誘われるようになった。

輝子と会う時は自宅か伯父の家が多かったので、二人きりで会うのは初めてだった。「浜作」なんて聞いたこともない店だ。そこでお昼を食べ、その後、「虎屋《とらや》」に行くのだという。

大京町の齋藤病院に着くと、普段、伯父が使っている黒い大きな高級車で銀座まで連れていかれた。私には分不相応な気がして後部座席に輝子と並んで座っていても何となく落ち着かない。

「浜作」に到着すると運転手さんがドアをサッと開けた。運転手さんを待たせて食事をするのも気詰まりだ。そもそも、それまで私はほとんど外食をしたことがない。当時、父母との外食は近所の寿司屋《すし》くらいで、ましてや銀座の料理屋など想像したことすらなかった。

颯爽《さっそう》とした着物姿の輝子が扉を開けると、「いらっしゃいませ！」「いらっしゃいませ！」と威勢のいい声が飛び交い、ケヤキのカウンター席に案内された。カウンターの内側では白い調理服の料理人が十人程キビキビと働いていて、その様子が眩《まぶ》しく感じられる。

驚いたことに輝子はメニューを見ないのに、すでに食べたいものが決まっていた。昼間なのに熱燗《あつかん》を頼み、「今日の白身は何がいいかしら？」と、ご主人に尋ねる。そして自分の好きな白身のお刺身と合鴨《あいがも》ロースをテキパキと頼む。私はぼんやりとそのやりとりを見ていた。

「由香は何にしますか。お好きなものを召し上がれ」

輝子に言われて、慌ててカウンターにある手書きのメニューを見ると、おつくり、焼き物、揚げ物などの大まかな料理法と魚の名前が書いてあるだけで、何をどのように頼んでいいのか分からない。

しかも、大学生の私にはこのメニューが信じられなかった。値段が書いてないのである。頭の中は料理の値段のことでいっぱいだった。

「この料理はいくらなんだろう？」

店内は午後一時を過ぎたというのに混雑していて、髪をアップにした妖艶《ようえん》な着物姿の女性が年齢差二十歳はあろうかという年上の男性と食事をしていたり、上品なスーツ姿の男性達が談笑しながら酒を酌《く》み交わしている。

「この店は一体どういう店なのだろうか？」

私は不思議でならなかった。

ものの本によると、カウンター割烹《かっぽう》というスタイルで料理を作ったのは東京では「浜作」が最初だそうだ。大正十三年、大阪新町に店を構え、昭和三年、東京にも「浜作」が開店する。それまで東京には〝板前割烹〟はなかったから、関西からやってきた「浜作」が新しいスタイルを持ち込んだ創始者である。

岩波書店の編集者として一時代を築き、後に岩波書店会長も務めた小林勇は、随筆集『山中独膳《どくぜん》』の中で、「浜作」のことをこう記している。

「このころ板場を見せながらたべさせるところは、東京にはなかったので、私などはそれをたいへん面白いと思っていた。（中略）自分の好きなうまいものを一品ずつとれるということが、そのころの東京人には珍しかったのだ」

岩波書店の関係で、幸田露伴や寺田寅彦《とらひこ》、齋藤茂吉などがこの店を訪れた。とりわけ谷崎潤一郎は大阪時代から「浜作」を贔屓《ひいき》にしていて、晩年の昭和三十六、七年にかけて書かれた『瘋癲《ふうてん》老人日記』には「浜作」で食事をするシーンが出てくる。大物作家、編集者、そして銀座を愛する紳士達が集う店だった。

輝子も茂吉のお供で通うようになったらしい。

そんな凄《すご》い店だということを大学生の私は全く知る由《よし》もなかった。

「由香、何がいただきたいの？　お好きなものを召し上がれ」

輝子は熱燗を飲みながら、私のオーダーを待っている。カウンターの中にいる料理人達の視線を感じる。壁には前田青邨《せいそん》の絵が掛かっていた。あまりの緊張で背筋が痛い。

「……私も祖母と同じものをお願い致します」

それだけ答えるのがやっとであった。

しばらくすると、シンプルな和食器に白身魚のお刺身や煮物などが出てきた。どれも見た目は家で食べている料理と変わらなかった。母が愛読している『家庭画報』や

『ミセス』には、紅葉が飾られた華やかな料理や、籠《かご》に美しく盛られた料理が掲載されていたので、てっきり銀座の店で出されるのは、豪華絢爛《けんらん》な盛りつけの料理だと期待していた私は、いささか拍子抜けした。煮物などは母の手料理とさして変わらぬ味だった。

ところが合鴨ロースが出てきて状況は一変した。あまりの美味《おい》しさに思わず歓声を上げてしまう。肉汁がしたたるように柔らかく、タレが甘く濃厚で、今まで味わったこともない深い味わいだ。またお吸い物のお椀《わん》も、何杯もおかわりしたくなるほどの旨《うま》さだった。

その日の夕方帰宅して、母に「今日、おばあちゃまと『浜作』という店に行ったの」と報告した。

「まあ、そんなお店に行ったの？　あなた、お行儀よくしていた？　ママがいつも注意しているじゃない。あー、考えただけで胃が痛くなってきたわ」

私が「煮物はママの味と同じだったよ」と報告すると、母はもっと驚いた。

翌月、再び輝子からの誘いがあり、その後も、私はたびたび銀座のお供をするようになる。

「浜作」を何度か訪れるうちに、この店は自分の好きな食材を選び、好きな料理法を頼む店なのだということが少しずつわかってきた。最初の頃、店に入るだけでドキドキしていたのが、他の客が何を食べているかを見る余裕もでてきた。他のお客様と同じ料理を頼むのは恥ずかしくないことだということも輝子に教わった。

「鰈の煮下ろし《かれいのにお ろし》」と「沢煮椀《さわにわん》」は「浜作」の名物料理だった。鰈は、わざわざ兵庫の明石《あかし》産を使っている。魚などの食材は昭和初期から航空便や貨車を使って、全《すべ》て関西のものを取り寄せているのだという。「沢煮椀」は、椎茸《しいたけ》、笹《ささ》がきごぼう、薄揚げ、三つ葉、豚の脂身《あぶらみ》などが入っているお椀で、透明なお澄ましに野菜がふわーっと盛り付けてあり、繊細ながらも濃密な味わいがある。

「おこぜと伊勢海老《いせえび》のお造り」「葛《くず》をひいた鱧《はも》とじゅん菜のおつゆ」「生湯葉」「うどのうま煮」「もずく」「生うに」……など、その度に好きなものが増えていく。「すっぽん雑炊」がどんなに贅沢《ぜいたく》で美味しいものかということも知った。

料理だけでなく、和食器にもいろいろな種類があって、皿は清水焼、お椀は輪島塗りの蒔絵《まきえ》だとも分かるようになった。輝子の好みは決まっていて、白身魚の平目、鱸《すずき》のお刺身、旬《しゅん》のさより、合鴨ロースや、鰈のから揚げが好きだった。

現在、三代目にあたるご主人・塩見《しおみ》彰英《あきひで》さんは「浜作」を慶応高校の二年生の時から手伝っており、齋藤茂太の長男・茂一《もいち》と慶応大学の同窓で一歳年下である。そんなご縁で、輝子だけでなく、茂太や美智子も通う店である。もちろん父や母も好きな店であった。

ご主人の塩見彰英さんと、ご主人のお母様である大女将《おかみ》は当時の輝子をよく覚えていらした。大女将は現在八十五歳になられるという。

「浜作」の思い出を書いているうちに、お二人に輝子のことを聞いてみたくなった。舌の思い出もよみがえらせようと、食事をしながらお話をうかがうことにした。平目のお造りをいただきながら、カウンターでの贅沢なインタビューだ。

彰英さんは輝子が料理を注文する姿が、印象に残っているという。

「由香さんといらしてた頃って、八十五歳だったんですか？　そんなお年には見えませんでしたね。うちに初めて見えたのは最初に茂吉先生とで、その後もご夫妻で何度かいらっしゃいました。茂吉先生が亡《な》くなられてからは、よく旅行社の方を店に連れていらして、海外旅行の計画を立てられていましたよ。『次は南極がいいかしら、それともペルーかしら』なんてお座敷で言ってらしたのを昨日《きのう》のことのように思い出します。

それから茂太さんから伺ったんですが、海外に行かれる時、ご自分で荷物を全部整理なさるんですってね。『1、2、3と番号を振った場所に間違いなしに入っている』って。茂太さんの奥様が、『ご旅行をおやめ下さい、と申し上げましても義母《はは》は聞きませんの』なんておっしゃられていましたよ」

昔と変わらない合鴨ロースの味に思わず「美味しい！」と声を上げていると、とてもお年には見えない品のいい大女将がおでましになった。

「輝子さんは、『おいくつかしら？』と思うくらいに姿勢がよくてスラーッとしていらっしゃいました。私ね、今でも思い出があるの。真夏にレースのまっ白なパラソルを持って、店に入ってらしてね。当時、流行だった長くて四角い白のハンドバッグを小脇《こわき》に抱えて、『浜作さん、ごきげんよう。なにか美味しいものありますか？』って。愛嬌《あいきょう》のある特別なお声でおっしゃるのね。それが今でも耳に残ってますよ。

それでお召し物は真っ白な絽《ろ》か紗《しゃ》の着物なの。よく見ると白に茶色の縞《しま》か何か入っていて何ともお洒落《しゃれ》。お洋服の時は真っ白な手袋を両手にきちんとされている。普段からそういう生活をなさっている方だから、自然に身についてらっしゃるのね。『やっぱりこの方は私どもとは次元が違う暮らしをされてる』と思いました。ところが、『海外でいただくインスタント・ラーメンが美味しいって話をテレビでしたら自宅にラーメンが沢山届いたのよ。わたくし、得しちゃったのよ』なんて嬉々《きき》として話されている。本当に天真爛漫《らんまん》な方でしたね。

うちの彰英を見て、私に、『あなたのお子さん？ お名前なんて言うの？』って聞かれたことがありますよ。『彰英と申します』と言ったら、それからはもう、店の戸を輝子さんがスッと開けるでしょう。で、『いらっしゃいませ』と言うと『あら、お元気？ どうもお世話になるわね。アキちゃん、いる？ アキちゃん、今日は何がある？』って」

ご主人が話を続ける。

「それはとてもかわいがって頂きました。代々贔屓にしていただきましたが、料理はほとんどその当時と同じ形です。よく、見栄《みば》えは綺麗《きれい》だけれど何食べているか分からないような料理があるでしょう。ああいうのはおばあちゃまはお嫌いなんです。おばあちゃまはご自分の食べたい料理をハッキリおっしゃられましたね。気性としては男っぽい。よくお造りでも、『何召し上がります？』って訊《き》くと女の人はたいてい、『盛り合わせて全部下さい』っておっしゃるでしょう。でも、おばあちゃまはそういう人じゃない。『今日は鯛《たい》が食べたい』『今日はオコゼが食べたい』と好みがはっきりしている。そういう人のほうがうちの祖父は好きでしたね」

「そうそう『今日は甘鯛のいいの、ある？』なんてよくおっしゃって。お小さいときからおいしいもの、いいものしか召し上がっていらっしゃらない。極めつきの贅沢を知ってらっしゃると感じましたね。ほんとうに背筋がスッとされて、毅然《きぜん》とされた方でした」

例のお椀をいただきながら、お二人の話を聞いていると、私はタイムスリップして、一瞬、輝子と食事をともにしているような気がした。

いつも輝子と私は「浜作」の昼食が終わると、店の前に待たせていた車に乗って銀座七丁目にある「虎屋」に行った。輝子は葛切《くずきり》が大好きだった。「虎屋」の歴史は和菓子の歴史と言われるほどだが、一流の本物が好きだった輝子にぴったりの店だった。「虎屋」の葛切は吉野《よしの》の本葛を使用しており、注文ごとに作るので出てくるまでに時間がかかる。私は父や母の話、輝子が好きなマルチーズのコロの話など、他愛《たわい》のない話をする。大の猫嫌いの輝子に、私がわざと「おばあちゃま、猫のチャコも元気ですよ」と言うと、「いやあね、まだあの汚い猫がいるの？　まあ由香が可愛《かわい》がっているのなら仕方がないわね」と眉《まゆ》をひそめて苦笑した。

しばらくすると、お盆に載せられた赤い漆塗りのお椀に入った葛切が目の前に置かれる。氷水にふわりふわりと浮いている透明な葛切の美しさ。氷は大きくもなく、小さくもない。それを箸《はし》で掬《すく》う時のワクワクする喜び。うまく掬えないと、するりと逃げてしまう。それが何とも言えずにおかしい。輝子も私もクスクス笑った。うまく葛切を掬うことが出来ると、ようやく和三盆の黒蜜《くろみつ》につけて味わう。甘い蜜の風味が口の中いっぱいに広がる。

「おばあちゃま、美味しいですねー」

「美味しいわね」

着物姿の輝子はニッコリ微笑《ほほえ》んだ。

「虎屋」には何度訪れても、葛切に感動した。「美味しいですね」と何度も何度も同じ会話をした。二人は葛切に夢中になった。

私は輝子と二人で、この銀座の愉《たの》しい午後を永遠に味わっていたかった。

卒論に選んだ「齋藤茂吉」

昭和五十八年、成城大学文芸学部国文科で、私は万葉集の大家である中西進先生のゼミをとっていた。三年生の春、ゼミの卒論に何を選べばいいか、中西先生に相談することにした。教室での講義を受けることはあっても、先生の研究室を訪れるのは初めてで、膨大な文献の並ぶ本棚があり、薄暗くて重厚な空気の漂う部屋に緊張した。

黒縁のメガネをかけた中西先生は厳《おごそ》かに口を開かれた。

「齋藤君の親戚《しんせき》の中で、おじいさんの齋藤茂吉について研究している人はいないのですか」

「誰もいないと思います。伯父の齋藤茂太の子供達は、長男茂一が電通で働いていましたが、現在、齋藤病院で事務局長をやっており、次男章二は精神科医。三男徹三は会社員、長女恵子は画家で、他の親戚にも研究している人はいないと思いますが……」

「それはもったいないねえ」

中西先生の顔が一瞬曇った。

「じゃあせっかくだから、齋藤君はおじいさんの作品を卒論にやってみたらどうかね」

私は近代文学の作家を念頭においており、まさか自分が齋藤茂吉をやるとは思ってもいなかった。ましてや、茂吉の歌を一首もまともに読んだことがない。中学や高校の教科書で接したことはあるが、茂吉は私が生まれた時にはすでに亡くなっていて、学校の先生に、「齋藤さんのおじいさんは凄い人なんだよ」と言われても実感がない、まるで遠い存在だった。

それでも「もったいないねえ」と言う中西先生の声が耳に残って、家に帰ったら夕食の席で父と母に相談しようと思った。

しかし、ちょうどその頃、父はまた大躁病《だいそうびょう》になっており、その夜は巨人阪神《はんしん》戦の野球中継に夢中だった。父は熱狂的な阪神ファンなので、テレビだけでなくラジオも大音量で聞いている。「ショーアップ・ナイター」のテーマ音楽が流れるともう周りのことはわからなくなる。

「愛してる！」とか、「神よ！　助けてくれ！」とかテレビ画面に向かって叫ぶのはともかく、「テテシャン」という意味不明の言葉を発する。

「テテシャン」は父が発明した言葉で、何か困ったり、落ち込んだり、弱い気持ちになった時に使う。母に「株を買わないで下さい！」と怒られた時に、父は実にうまいタイミングで、「テテシャン」と言う。するとあまりにもバカバカしくて、母も思わず笑ってしまうのだ。

「さっき、パパが椅子《いす》の上で胡坐《あぐら》をかいていたら、掛布がホームランを打ったから、食事中はずっと胡坐をかくことにする！」

ゲンを担《かつ》いで、同じ格好でご飯を食べると宣言したりする。

母はその程度のことは慣れっこなので知らん顔をして食事をしている。

私は思い切って話を切り出した。

「パパ、私の卒論なんだけど、中西進先生が、『せっかくだから齋藤茂吉をやったらどうですか』とおっしゃられたんだけど、どう思う?」

父は私の学校のことなど一切興味がなかった。小学校の入学式にも来てくれなかったし、私が女子大に行っているか、共学に行っているかさえ知らなかった。

中西先生の言葉に対し、母はすかさず言った。

「あなた、おじいさまの歌なんて読んだことないでしょう。無理なんじゃない?」

母は私がほとんど勉強もせず、サークルでテニスやスキーにうつつを抜かし、六本木の「キサナドゥ」というディスコに通ったり、遊びばかりに夢中でおよそ文学に関心も知識もないことをよく知っていたのだ。

すると濡《ぬ》れタオルを頭に巻き、大声で阪神を応援していた父がおもむろに言った。

「齋藤家の歴史がわかるから、せっかくだからやってみたら?」

躁病の父にしては珍しく真っ当な答えが返ってきたので仰天した。そして、その一言で、私は歌人・齋藤茂吉の研究をやることにしたのである。

翌日、中西先生に、「齋藤茂吉をやります」と報告しに行くと、「それは良かった。しっかり頑張って下さい。おじいさまもきっと喜ばれますよ」と、笑顔で言って下さった。

翌月のゼミでは、学生がそれぞれ自分の卒論のテーマを発表しなければならなかった。教室の椅子をコの字型に配置し、一人ずつ発表をする。四年生の先輩達も同席しており、私は緊張した。

成城学園の中学から一緒だった友達は近代文学を研究している人が多く、泉鏡花や芥川龍之介《あくたがわりゅうのすけ》、夏目漱石《そうせき》などの名前が上がっていた。

また大学から入学した人は、国語の教師を目指している人が多く、万葉集などの古典を研究しており、私にはよく分からないやたらと難しいテーマを発表する学生が多かった。

その中で、中学から一緒だった仲の良い友達が、「堀辰雄《たつお》を卒論に研究します」と言う。それを聞いた瞬間、「あー、失敗した。私も堀辰雄をやればよかった」と後悔した。

堀辰雄の小説なら、『美しい村』や『風立ちぬ』『菜穂子』などを読んだことがあって、堀辰雄が、生前、毎年のように軽井沢の地を訪れたり、軽井沢を舞台とした作品を残したことを知っていたのだ。

私も一歳から毎年、両親に連れられて夏の軽井沢を訪れていたから軽井沢の自然や歴史を少しは知っている。当時の旧軽井沢は今と違って木造建築ばかりで、土屋写真店や小松ストアー、土屋百貨店、洋服店のスミノ、大城レース店があった。避暑地らしい静けさと雰囲気のある時代だった。貸し馬屋も何軒かあり、カラマツ林で乗馬を楽しむ人も多かった。雄大な浅間山や、雲場池のカルガモの愛らしさも知っているから、堀辰雄論なら軽井沢と組み合わせて何とか書けるかなと思ったのだ。

しかし、今更、変更することはできない。

私は中西先生や四年生の先輩達、そして三年生の同期が何十人と見守る中で、「齋藤茂吉をやります」と、発表した。

私が初めて、「齋藤家」を意識した瞬間だった。

卒論に向けて、まずは作品にあたることにした。

自宅の二階には父の書斎と本棚が置いてある部屋の二部屋がある。日頃、その部屋は全く使っていなかったので、母はその本棚のある部屋を、「予備室」と呼んでいた。

私が幼稚園の頃、「よびしつって何のことだろう？」と不思議だったが、漢字を覚えるようになり、「予備の部屋」だと理解する。

久しぶりに部屋に入ると、湿気た埃《ほこり》の匂《にお》いがし、たまにしか雨戸を開けないので黴《かび》臭かった。予備室は父の原稿執筆のための資料用本棚が置いてあるだけだったが、いつの間にか荷物置き場になっており、内部は物置以下の荒れようだった。母の着物箪《だん》笥《す》や、冬物のコートや夏物の衣類、結婚式の引き出物、トイレットペーパーやティッシュペーパーの買い置きまであって、乱雑を極めている。

私は初めて父の本棚をじっくりと見た。

茶色くすすけた本が何十冊、いや何百冊もあった。『トーマス・マン日記』『トーマス・マン　ヨゼフとその兄弟たち』『トーマス・マン　ブッデンブロオク家の人びと』『魔の山』……と、トーマス・マンの原書や、翻訳された本が山のようにある。

私は、父の代表作である『楡家《にれけ》の人びと』も読んだことがなかったが、学校の先生から、「お父さんはトーマス・マンに憧《あこが》れて、『楡家の人びと』を書いたんだよ」と聞かされたことがあったので、「ははあ。これが父の作品の原点なんだな」と、漠然と思った。

他にも、『最新　支那《しな》語大辞典』や、旧仮名遣いの本が山のようにある。すでに茶色くなった古い岩波新書のシリーズは何十冊もあって、『日本語の起源』『人間詩話』『太陽よ、汝《なんじ》は動かず』『文明の起源』『粘土に書かれた歴史』『科学の方法』……。その中で、特に茶色くすすけた文庫がたくさん並ぶ棚があった。

一冊を手にとると、表紙に、「庫文波岩」とあり、「これ、何だろう？」と、思わず呟《つぶや》く。その下に「ひ嫌間人」と書いてあって、ようやく昔の本は横書きを右から左に書いていたのだと思い出す。

モリエール『人間嫌ひ』の奥付は「昭和三年印刷　定価二十銭　発行者　岩波茂雄」、ゲーテの『詩と真実』は「昭和十六年　定価六十銭」、『十訓抄』は「昭和十七年　定価六十銭」と、本当に古い本ばかりだった。

埃臭い薄暗い部屋で本棚を見ていくと、その中に、『赤光《しゃっこう》　齋藤茂吉』という背表紙の本を見つけた。

「あったーっ！」

思わず心の中で叫んだ。

生まれて初めて祖父・齋藤茂吉の本に触わった。

それはまるで祖父に出会ったかのようだった。茂吉は昭和二十八年二月二十五日、七十歳で亡《な》くなっていて、母も私も会ったことがない。この歌人が本当に私の祖父なのだろうか。本に触わりながら何かこそばゆい不思議な気持ちだった。

祖父の本は茶色の箱に入っていた。緑色の背表紙には白抜き文字で『赤光　齋藤茂吉』とだけあり出版社名もない。奥付には、「大正二年十月十日印刷　大正二年十月十五日発行　著者　齋藤茂吉　発行者　西村寅次郎　印刷者　佐藤保太郎　発行所東雲堂書店　正価金九十銭」と書かれている。

「巻末に」の文章を読んでみる。

「〇明治三十八年より大正二年に至る足かけ九年間の作八百三十三首[四]を以《もっ》て此《この》一巻を編んだ。偶然にも伊藤左千夫《いとうさちお》先生から初めて教をうけた頃より先生に死なれた時までの作になつてゐる。アララギ叢書《そうしょ》第二編が予の歌集の割番に当つた時、予は先《ま》づ此一巻を左千夫先生の前に捧呈《ほうてい》しようと思つた。而《しこう》して、今から見ると全然棄《す》てなければならぬ様な随分ひどい作迄《まで》も輯録《しゅうろく》して往年の記念にしようとした。特に近ごろの予の作が先生から賞《ほ》められるやうな事は殆《ほとん》ど無かつたゆゑに、大正二年二月以降の作は雑誌に発表せずに此歌集に収めてから是非先生の批評をあふがうと思つて居た。ところが七月卅《さんじゅう》日、この歌集の編輯がやうやく大正二年度が終つたばかりの頃に、突如として先生に死なれて仕舞つた。それ以来気が落つかず、清書するさへ臆劫《おつくう》になつた。後半の順序の統一しないのは其為《そのた》めである。最初の心と今の心と何といふ相違であらう。それでもどうにか歌集は出来上がつた。悲しくも予は此一巻を先生の霊前にささげねばならぬ」

巻末の文章の途中まで読んで、「これは大変なことになった」と思った。「かの有名な伊藤左千夫とおじいちゃまは交流があったのだ」と初めて知った。ものを知らないというのは恐ろしい。

祖父の短歌をまともに読んだこともない私が、大変なテーマを卒論に選んでしまったのだ。背筋がぞっとする。中学高校ものんびりした学校で、「勉強しなければ」というプレッシャーなど一度も感じたことがなく、そのままエスカレーターで大学まで来た。全く私は今まで何を勉強していたのだろう。暗澹《あんたん》たる気持ちになりながら、最初のページをめくると、「1悲報来」と書いてあった。

ひた走るわが道《みち》暗ししんしんと堪《こら》へかねたるわが道くらし

どこかで聞いたことがあるようなないような……。さらに続きを読んでいく。

ほのぼのとおのれ光りてながれたる蛍《ほたる》を殺すわが道くらし
すべなきか蛍《ほたる》をころす手のひらに光つぶれてせんすべはなし
氷室《ひむろ》より氷《こほり》をいだす幾人《いくにん》はわが走る時ものを云《い》はざりしかも
氷《こほり》きるをとこの口《くち》のたばこの火赤《あか》かりければ見て走りたり
死にせれば人は居《ゐ》ぬかなと歎《なげ》かひて眠り薬をのみて寝んとす

……ここまで読むと、意味もよく分からなくて頭が混乱してくる。

せめて私が知っている歌はないかと必死でページをめくる。斜め読みをしながら、「この歌も知らない、この歌も知らない」とめくっていくと、「6死にたまふ母」とあった。この歌は教科書で習ったような気がした。

みちのくの母のいのちを一目みん一目みんとぞいそぐなりけれ

「わあー、良かった！」

初めて知っている歌があったと私は嬉《うれ》しくなり、本を持って一階に下りて行った。

ちょうど夕食が始まろうとしていた。父はまた大音量で巨人阪神戦の野球中継を見ている。

「パパ、今、初めて茂吉おじいちゃまの本を読んだよ。知っている歌があったんだ」

「何という歌？」

「『みちのくの　母のいのちをいちもくみん　いちもくみんとぞ　いそぐなりけれ』という歌だよ」

母が仰天した。

「由香！　あなた、今、何て言ったの？」

私は得意になって同じ言葉を繰り返した。

「あなた、由香ったら、『ひとめみん』を、『いちもくみん』って言ったわよ！」

「ダメだなあ。由香は」

父は深いため息をついた。私はとにかくものや言葉を知らない。「由香は頭は悪いが健康だけが取り柄だ」と言うのが父の口癖《くちぐせ》だった。いつも、そう言う時の父はすこぶる嬉しそうであった。しかし、さすがにこの時ばかりは不快そうな顔をした。父は文学者としての茂吉を心底尊敬していたのだ。

そもそも私が言葉を知らず、知識がないのは父のせいである。

私は父に一度も「勉強しなさい」と言われたことがなかった。学生時代、中間試験や期末試験のために、夜、勉強していると父が子供部屋に入ってきて言う。

「もう勉強はいいから早く寝なさい」

「成績が悪くなるから嫌だよ」

「そんなことより目が悪くなるから早く寝なさい」

私は素直な子供だったので、「はーい、じゃあ寝ます」と、すぐ寝たので、いつも成績は最悪だった。さらに父は一度も、「試験はどうだった？」とか「テストの点は何点か？」と聞いたことがない。そんなわけで視力はいいが、頭の悪い子供に育ってしまった。

父からは、勉強しなさいとは言われなかったが、「本を読みなさい」とだけはよく言われた。

だが、躁鬱病《そううつびょう》の父をはじめ、遠藤周作先生など奇矯《ききょう》な振る舞いをする作家の方々を見ている方が遥《はる》かに面白く、その方たちの書いた小説など読む気にはなれなかった。それで、私は作家の娘でありながら本を読まない、無知蒙昧《むちもうまい》な大人になってしまったのだ。

しかし、茂吉の歌にある「ひとめ」を「いちもく」と読んだことは、母に注意されたことより、私自身がショックだった。

とにかく歌の知識が皆無なことに遅ればせながら気がついたのだ。

「パパ、私、卒論、本当に大丈夫かな？　心配になってきた」

「……まあ、とにかくやってみなさい」

しかし、これから先どのように勉強していいか、皆目見当がつかなかった。

私は食卓の空気を誤魔化《ごまか》すために大げさに言った。

「ねえ、ママ、輝子おばあちゃまに、『いちもく』のことをお伝えしたら、びっくりされるかなあ？」

「あまりのひどさに、輝子おばあちゃまだって何もおっしゃらないわよ」

母は冷たく言い放った。

齋藤家の血脈

私は茂吉の作品を読む前に、とにかく齋藤家の歴史を調べることから始めた。参考書は伯父茂太の『ママさまは不思議の人』である。

前述したように、茂吉は現在の山形県上山《かみのやま》市に生まれた。

上山は東北屈指の温泉地だが、茂吉の生家守谷《もりや》家は東北らしい素朴な農家であった。村の中でも中位より少し上の暮らしぶりであったという。上山（金瓶《かなかめ》）は蔵王山麓《ざおうさんろく》の町といわれており、少し足をのばせば蔵王連峰が広がる。宮城県との境には奥羽《おうう》山脈、山形県西部には朝日連峰がそびえ、県域大半を山地が占める。そして中央を最上《もがみ》川が流れている。県民の多くがこの川の流域に住んでおり、「母なる川」とも呼ばれていた。

明治二十九年八月、茂吉は東京に旅立つ前、「二度と父母に会えないのではないか」という不安を感じていた。この風景ももう見ることがないのではないかと。それだけ東京は遠い地であった。

上山は日中の暑さは厳しいが、夕方からはひんやりとした空気が流れ、縁側に座っていると余計に寂寞《せきばく》の念にかられる。夏が終わり、秋になると、茅葺《かやぶ》き屋根の民家や白壁の土蔵の軒先には真っ赤に熟した柿《かき》が吊《つ》るされ、紅色に輝くだろう。「柿すだれ」、「柿暖簾《のれん》」ともよばれる吊るし柿は上山の晩秋を飾る風物詩であり、季語にもなっている。

農家の軒先には長い冬の食料として真っ白な大根も干してあり、のどかな日本の農村の風景が広がるが、その景色ももう見ることが出来ない。

「明日からの生活はどのようなものになるのだろうか？」

十四歳の茂吉には、東京での生活を想像できなかった。

上野駅に到着し、言われたとおり人力車に乗り浅草医院に向かう。東京には山も畑も川もなかった。見上げるような厳《おごそ》かな建物が聳《そび》え立ち、宵の口であるにもかかわらず、多くの人々が忙しそうに行きかっている。故郷では滅多に見かけない洋装の人もいる。

「これが東京というものか」

茂吉は別世界に迷い込んだ気がした。

そしてその日から、齋藤喜一郎（後年、紀一《きいち》と改名）が経営していた浅草医院で他の多くの医学を志す書生たちと一緒に勉強をする日々が始まったのである。

ところで、私の曾祖父《そうそふ》にあたる、この齋藤紀一という人物がまたなかなか面白い個性の持ち主なのである。父も「紀一おじいちゃまは新しいものが大好きで相当変わっていたね。その血を色濃く受け継いだのが輝子おばあちゃまなんだよ」と言う。

明治三十三年十一月、紀一はヨーロッパに向けて日本を出発した。彼の地《か》に留学し、精神病学の研鑽《けんさん》を積むためだった。今でこそ「心の病」などとみな口にするが、この時代に精神病の治療に高い志《こころざし》を持っていたというのもつくづく凄《すご》い事だと思う。

ここで、やはり伯父茂太の著書『快妻物語』を借りて、当時の精神病治療の歴史に触れておかなければならない。

当時の日本では脳神経病の患者を診るような施設は多くなかったという。ヨーロッパに初めて精神病院が出来たのが十八世紀終わりだから、そもそも精神医学の歴史は浅い。それまでは精神病というのは病気ではなく、「悪魔の仕業《しわざ》」であるとか「神の罰」であるとされ、患者は鎖で縛られ、檻《おり》に入れられ、家族からも見放された。

フランスでは、「矯正院」と呼ばれた施設があり、家族が患者の入院と同時に死ぬまでの入院料を払い、それには墓標の分まで含まれていたという。

そんな風潮の中で、一七九三年、フランスの医師ピネルは多くの人々の反対を押し切って、パリの収容所で患者の鎖をほどいて解放した。それは精神病史上画期的な出来事であったらしい。

その後、十九世紀の半ばから精神病学ははっきり脳を対象にするようになり、一八九六年にドイツ人のクレペリーンが近代精神医学の体系を作り上げた。

一方、日本においては、精神病は病気であるとかなり昔から考えられていたが、公共の収容施設がなかったため、神社や寺がおのずと収容所のような形をとってきた。明治十二年に東京帝国大学で、ベルツによって精神病学の講座が開催され、同じ年に、今の上野公園に東京府癲狂院《てんきょういん》ができた。これが後の巣《す》鴨《がも》病院、今の松沢病院の前身である。しかし、精神病に対する世人の知識はまだまだ低かった。

明治三十四年から、東京帝国大学では呉秀三《くれしゅうぞう》教授が講義を担当したが、教授はそれまで、多くの精神病の病名において、「麻《ま》痺《ひ》狂」「うつ狂」「妄覚狂」などと、「狂」という字が多く使われていたのを改め、癲狂院などという名称も廃してしまった。教授は、狂の字はケモノ偏に王がついていて精神病者をケモノの王とみなし、人間扱いしないという意であるから、精神病学の術語から、「狂」をとりさるべきだと主張して、これを実行した。

世間でもようやく精神病患者への関心が高まっていたが、国が精神医療に不熱心で公立の精神病院の建設が遅々として進まず、そのために政府は民間病院に患者を委託する制度を作らざるを得なかった。

そんな時代背景のもとに紀一はヨーロッパに留学したのである。

ドイツに留学した紀一は、ザクセン州、エルベ河の支流ザーレに臨む、ライプチヒ近くのハレ市の医科大学で勉強を始めた。

紀一は、「昼夜ヲ別タズ勉強ニ励ミ中居《もうしおり》候《そうろう》。試験下調ノ為メ日ノ短キヲ歎シ中居候」などという故国への手紙にあるとおり、ひたすら勉学に励んだ。紀一は社交的な性格で、勉強のみならずいろいろな集会にも顔を出した。

そんな当時の写真が残っている。ベルリン日本倶楽部《くらぶ》会合、シュラッハテン湖への和独会の遠足、ベルリン大学教授メンデル博士のパンコウの別荘に招待され歓待を受けた時の写真、明治三十五年九月、八十一歳で亡《な》くなった有名な病理学者フィルヒョウ教授の葬儀の写真などにも、紀一が写っている。

かくて、医科大学の卒業試験に紀一は合格し、脳神経精神学、及び脊髄《せきずい》病学を修め、ドクトル・メジチーネという医学博士の学位を得た。そして紀一はドイツを出発し、フランス、イギリス等の大学、精神病院を視察して、明治三十五年十二月ロンドンを経て、ようやく明治三十六年一月に帰国したのである。

紀一が帰朝すると、留守中に生まれた長男が数え年の三歳になっていた。その長男には、「西洋《せいよう》」という奇妙な名がつけられたが、紀一が「西洋」にいた時に生まれたからだという単純明快な理由だった。

また、その後、生まれた西洋の弟は「米国《よねくに》」と名づけられた。紀一がアメリカ滞在中に生まれたからである。太平洋戦争中はずいぶん嫌な思いをしたらしいが、「よねくに」と読ませていたので、「べいこく」よりはましだったと言う。

紀一が帰国して最初に手をつけた仕事は、神田の東都病院を精神科の病院に改築することだった。間もなくそれが完成すると、「帝国脳病院」という看板を掲げ、脳神経病の患者の診察を始めた。

帝国脳病院とは壮大な名前だが、紀一はヨーロッパで、特にプロイセン帝国の威勢を目《ま》のあたりにしてきたから、「帝国」に憧《あこが》れたのであろう。

そういう名前をつける紀一という人物は、ドイツ留学ではすっかりヨーロッパに魅せられて、ピンと両端が張ったヒゲを生やして帰国した。チックでこってりと固めたヒゲの面構《つらがま》えはまさに鉄血宰相ビスマルクのような熱血志向の男であった。

ちょうどその頃、茂吉は開成中学を卒業し、明治三十五年九月に一高に入学した。翌年から、奇《く》しくも紀一と一緒にロンドンから帰国した英語教授・夏目漱石の教えを受けることになったのである。

帰国した紀一は、早速に大規模な精神病院の設立を計画し、明治三十六年五月に赤坂区青山南町五丁目に第一期工事を着工し、九月に完工して、「青山脳病院」が出来上がった。その後、次々に増築工事を行い、全計画が完成したのは明治四十一年初頭のことであるから、四年半以上の歳月がかかった。

紀一がローマ式建築と称して、東京の一名所になった本館は、病院の案内書には建築費十余万円と書いてある。敷地は病院が全部出来る頃には約四千五百坪となっていた。

明治四十三年発行の『青山脳病院一覧』によると、「入院患者・脳神経病百三十名、精神病二百五十名、職員は院長齋藤紀一、副院長田沢秀四郎、医学士・薬剤士・事務・監督・看護人・看護婦・賄員《まかないいん》・裁縫係・雑用婦・車夫等合わせて二百五十名」もの規模である。本館建物には前面にずらりと円柱が並び、屋根には数個の尖塔《せんとう》と、正面玄関の上に時計台がそびえていた。病院が着工したという時の青山はどんな様子だったのであろう。

茂吉の文章が残っている。

「あたり一面は原であつた。それから直《す》ぐ隣は墓地でそれも墓石は極めて稀《まれ》であつた。また続いて畑があつた。肥料の匂《におい》が風のまにまに漂つて来る。それから一段低い処《ところ》は一面の稲田で目高が群れて泳いで居たり、水の温《ぬる》むころは蛭《ひる》が思出したやうに浮いて来たりするのであつた。ある時私は崖《がけ》の土から冬眠してゐて未《いま》だ醒《さ》めない蛇を掘り出したことなどもある」

当時の青山はまだ市電もなかった。畑があり、肥料の匂いが風のまにまに漂ってくる。稲田にはメダカが群れていた。今の表参道ヒルズのあたりは小さい丘になってい て、夜ともなると、狐《きつね》の鳴声が聞えた。ある人が縁の下に狐を飼っていたが、その狐が、穏田《おんでん》(現在の原宿)の狐と声を合わせて鳴いたという。

そんな大病院の家で輝子は育った。世間では輝子が長女と思われているが、実は次女である。長女いく子は僅《わず》か三歳で病死した。それだけに輝子は大病院の大切な跡継ぎとして乳母日傘《おんばひがさ》で育てられた。

明治三十八年七月一日、茂吉が婿《むこ》養子として九歳の輝子と形の上で夫婦となった。神童と言われた茂吉が山形から上京した時、輝子はまだ生後八ヶ月だった。

しかし、茂吉の成績が良く、順調に一高を卒業し、東大医科への進学が決定した時点で紀一の決心が固まり、その勧めに茂吉も承諾し、茂吉の入籍が決定したのである。

茂吉は友人に、「小生は医者で一生を終らねばならぬ身」であり、「俗の世の俗人と相成りて終る考ひにて又是非なき運命」であると書き送り、一種の諦《あきら》めの心境を吐露《とろ》している。熱烈な恋愛結婚とは程遠い、養父紀一が勝手に決めた結婚であった。

私が大学生の時、お見合いをして結婚をするという友達がいた。輝子も若くして結婚したと知っていたので、当時のことを輝子に聞いたことがある。

「おばあちゃまは、すごく早くにご結婚されたんですね」

「そうね、お父様が決めたから仕方なかったのよ。でも昔のことだから忘れちゃったわ」

輝子は当時のことをケロリと笑いとばした。

明治四十一年、輝子は学習院女学部に入学し、大正二年三月に卒業した。

その頃、茂吉は医者として忙しい生活を送ると同時に、歌の方でも世間で注目される存在になっていた。芥川龍之介が、「衝撃を受けた」といった茂吉の第一歌集『赤光』が大正二年十月に出版され、歌壇文壇の話題になっていた。

また医学の方も、東京府立巣鴨病院（後の都立松沢病院）で呉秀三院長（東大精神科教授兼任）の指導を受けていた。

そして大正三年四月、茂吉と輝子の結婚式が正式に行われた。輝子は十八歳四ヶ月で、すそ模様の振袖《ふりそで》を着た。青山脳病院の「珊瑚室《さんごしつ》」と呼ばれていた部屋に約二十人が参集したが、参加者は紀一の関係者ばかりで、茂吉の医学・文学関係者の客は一人もいなかったという。紀一が浅草時代から親類以上のつきあいをして、陰になり日向《ひなた》になり紀一を何かと助けてくれた「浅草あられおこし」の創業者・小沢米吉夫婦もいた。

結婚式はなんとか無事に済んだが、生まれ育ちをはじめ、あらゆることが全く異なる二人の結婚生活は波乱を予感させた。

結婚した輝子は、翌年秋に懐妊し、大正五年三月二十一日、長男、茂太が誕生した。輝子の家には、親の代からの乳母・松田ヤヲという、通称・松田の婆《ばあ》やがいて、子育ては全《すべ》て婆やがやってくれた。その後三人の子が出来たが、いずれも婆や任せだったという。輝子はそもそも母性には乏しかったとしか思えない。

ちょうど茂太が一歳になる頃、近所の小児科医が、「母乳は一歳を越えて飲ませ続けてはだめです」と言ったそうで、輝子は離乳作戦を実施した。輝子は乳首にカラシをぬったのだ。

「おふくろは合理主義者で参っちゃうよね」

後年、茂太はこのエピソードがお気に入りで、ニコニコ笑いながらいつも話していた。

父も言う。「パパは母乳でなく、ミルクで育てられたらしいね。抱っこされたり、膝《ひざ》の上にのせてもらったりしたような記憶はないなあ」

一方、茂吉は茂太がよちよち歩きを始めると目を細めてかわいがり、子供の歌が多くなった。

　をさなごは畳《たたみ》のうへに立《た》ちて居《を》りこの穉児《をさなご》は立《た》ちそめにけり
　悲《かな》しさを歌《うた》ひあげむと思《おも》へども茂太《しげた》を見《み》ればこころ和《なご》むに

大正六年十二月、茂吉は恩師の呉秀三の命によって、長崎医学専門学校（現長崎大学医学部）教授、県立長崎病院精神科部長として長崎に赴任した。輝子は茂太を連れて長崎について行ったのだが、そこでも二人はぶつかり、言い争いの日々で、結局輝子は東京と長崎を行ったり来たりしていた。茂吉と輝子にあたたかい家庭はなかった。そしてヨーロッパ留学のため、大正十年の春に退職するまで、三年半の歳月の多くを茂吉は長崎で一人寂しく過ごすのである。

大正十年十月二十七日、茂吉は東京を発《た》って、翌日、横浜港を出港し、ヨーロッパに向かうことになった。日本郵船「熱田丸」で横浜港を出航する際の見送りの写真が現存している。左から、島木《しまぎ》赤彦《あかひこ》、齋藤紀一、茂吉、平福《ひらふく》百穂《ひゃくすい》、茂太、輝子、輝子の妹の清子、紀一の妻・勝子が並んで写っている。

島木赤彦と平福百穂は和服で、他の男性達は洋装に帽子、夫人達は着物で、茂太はブレザーのようなジャケットに半ズボンを穿《は》き、後ろから平福百穂が肩に手をかけ、輝子も珍しく微笑《ほほえ》んでいた。

ヨーロッパに渡った茂吉は、翌年一月、まずウィーンに落ち着き、ウィーン大学の神経学研究所で勉強を始めた。そして大正十二年七月にはウィーンからミュンヘン大学に転学した。

翌年の六月五日、輝子はヨーロッパに旅立つ。船は日本郵船の「箱根丸」。出航の当日、輝子は振袖のような派手な着物に、流行の耳かくしのヘアスタイルだった。見送りの人からの大きな花束をかかえて、ヨーロッパへ出発した。幼い茂太は婆やに任せての一人旅だった。子供を残して寂しいなどという気持ちは輝子にはさらさらなかったらしい。

七月末、輝子はついに憧れのヨーロッパに到着し、マルセイユ港から汽車でパリに向かった。そして三年ぶりに二人はパリの「アンテルナシオナル」という小さなホテルで合流した。古い映画にでもありそうな情景だが、それはどうもドラマチックで感動的なものではなく、伯父によれば冷ややかな場面だっただろうと言うのである。というのも昭和五十七年、「茂吉生誕一〇〇年の旅」というツアーに輝子と茂太夫妻が同行した際、このホテルを見学したが、感激するのは茂太夫妻だけで、当の輝子は全く関心を示さなかったという。

ヨーロッパでの茂吉は精神科医として必要な文献や書籍を精力的に購入し、日本に送っていた。日本の医学は遅れており、精神科医の立場から少しでも役に立ちたいと志は大きく、希望に満ちていた。

留学を終え、大正十三年十一月三十日、日本郵船の「榛名丸《はるな》」に乗船した二人には、インド洋、セイロン、ベンガル湾、シンガポールと、長い船旅が待っていた。シンガポールで「日本薬房」「海友休息所」などという日本語の看板を見たり、日本語の会話を耳にすると、茂吉には万感の思いがあったという。

その頃、日本では、「若先生」の晴れの帰朝を前にして、歓迎準備に大わらわであった。紀一院長の命令で、至るところにペンキが塗られ、ニスが塗られ、建物はぴかぴかに化粧された。

松田の婆やは、「パパさま、ママさまが、もうじきお帰りですからね」と、幼い茂太に新しい着物を縫ってくれ、病院中にウキウキとした気分がみなぎっていたという。

シンガポールの後、十二月二十九日香港《ホンコン》に入港。翌三十日、香港を出航して、台湾海峡に向かって進んでいた。

その時、茂吉はパーサーやシップドクターが、「東京で大きな精神病院が全焼した」というニュースが入ったと語っているのを耳にした。一抹の不安を覚えながら床に入ると、十二月三十一日、深夜一時、コツコツと船室のドアを叩《たた》く音がした。入ってきたのはシップドクターで、手には一枚の電報を持っていた。

「やはり、お宅でした」

青山脳病院炎上

十二月二十八日の夜半、四千五百坪の青山脳病院は炎上した。出火は炊事場からで、原因は正月用の餅《もち》つき後の残り火の不始末であった。まだ幼い茂太は寝巻きのまま、松田の婆やに手を引かれ、裸足《はだし》で庭に逃げ、真っ黒な空に赤い火が轟々《ごうごう》と燃えるのを見て恐怖のあまり泣きじゃくったという。

父が『楡家《にれけ》の人びと』の中で「円柱は白く、高貴に、曇り空の下にもどっしりと連なっていた。尖塔は怪異に、円塔はそれらを柔らげて、写真だけで見たことのある異国の風景さながらにそそりたっていた」と表現した、絢爛《けんらん》豪華な大病院が灰燼《かいじん》に帰《き》したのである。

土蔵の中には茂吉がヨーロッパで食事を切り詰めて買い集めた膨大な量の書物が木箱に詰めて収蔵されていたが、三時間で全てが焼けたという。消防車や新聞社の車がきて病院周辺はごったがえし、茂太はしばらくの間、輝子の妹の清子の嫁ぎ先に厄介にならねばならなかった。

翌年一月五日、ヨーロッパでの精神医学研鑽《けんさん》の留学を終えた茂吉と輝子は沈痛な面持ちで神戸港に入港した。慌《あわただ》しく汽車に乗りこみ、翌々日の一月七日、東京駅に到着。駅には病院関係者と一緒に茂太も出迎えにきており、その足で全員、焼け跡を見にいった。かつてのローマ式建築の巨大な円柱の大病院は跡形もなかった。

とどろきてすさまじき火をものがたる穉児《をさなご》のかうべわれは撫《な》でたり

青山脳病院の西隅にある小さな二階屋が少し火をかぶっただけで焼け残り、その家に茂吉と輝子は住むことになった。大病院での暮らしに比べ、あまりにみじめでみすぼらしい耐乏生活が始まった。乳母日傘《おんばひがさ》で育った夢のお城が消滅してしまった。しかし輝子は涙を見せることもなく、失火の愚痴《ぐち》を言うこともふさぎこむこともなく、日々の雑事を淡々とこなしていく。

一方、茂吉には想像を超える多くの困難が待ち受けていた。火災の打撃ですっかり気力の衰えてしまった紀一に代わってすべての責任者となったが、運の悪いことに前年の十一月十五日に火災保険が切れており、病院再建の金策のために奔走しなければならなかったのだ。

数年ぶりに長崎を訪れたのも借金が理由だった。茂吉はついには高利貸しからも金を借りるようになる。さらに周辺住民からは「精神病院再建反対！」の声があがり、マスコミもそれに同調し、茂吉の心労は絶えることがなかった。

父がその時の様子を語る。

「あの時の茂吉おじいちゃまのご苦労はほんとうに大変だったんだよ。とにかく資金がないので金策に走り回ったんだ」

「パパは生まれてないのに、何故《なぜ》知っているの？　茂吉おじいちゃまから聞いたの？」

「いや、おじいちゃまは話すのを嫌がったのか、パパには一言も火事の話はしなかったんだよ。パパが東北大学医学部に入学して仙台に下宿していた時、輝子おばあちゃまの妹の愛子叔母が、『茂吉の息子が下宿している』と人づてに聞いて下宿に訪ねてきてくれたの。その後、愛子叔母の家に行って、宮殿のような病院の写真を初めて見せてもらった。再興した青山脳病院にも写真があったと思うけれど、おじいちゃまは写真を見せてくれなかったし、話もしなかった。思い出すのも辛《つら》かったんだろうね。病院関係者からそれとはなしに聞いていたけれど、パパも写真で初めてローマ式建築の病院を知ったんだよ。輝子おばあちゃまも一言も話さなかったからね」

輝子は妹の愛子と疎遠《そえん》だった。というのも愛子は、父・紀一が決めた結婚相手とうまくいかず、三人の子供を置いて家を出てしまい、新しい家族と仙台に住んでいたからだ。

そんな中、茂吉と輝子のあいだには大正十四年二月二十三日、長女の百子《ももこ》が生まれる。長男茂太とは九歳離れた妹であった。そして苦労の末、ようやく翌年四月、東京府下松原村に復興した「青山脳病院」を本院とし、青山の焼跡に立てた小病院を分院とした。

紀一は病院焼失後、めっきり衰え、かつての勢いも威厳もなくなってしまい、昭和二年四月、院長の職を辞し、かわりに茂吉が院長職をついだ。

現在、私が父と二世帯別居で住む世田谷松原の家から徒歩十分のところに、東京都立梅ヶ丘病院（都立松沢病院の分院で、戦後再建された青山脳病院が前身）がある。その病院の入口には、茂吉の歌碑が立てられている。

茂吉《もきち》われ院長となりいそしむを世のもろびとよ知りてくだされよ

昭和二年五月一日、私の父である次男・宗吉が生まれるが、茂太、百子と同様、松田の婆やに肉親以上の愛情で育てられる。次いで昭和四年十月二十五日、次女・昌子《まさこ》が生まれるが、輝子は母性を見せることなく暮らしぶりに変化はない。四人の育児や一切の家事を使用人に任せて、連日、社交に忙しい。「帝劇の幕間《まくあい》に乳母《うば》に赤ちゃんを連れてこさせ母乳を与えた」というエピソードも残っているほどである。

伯父茂太は語っている。

「私は記念写真を撮る時以外、母に抱かれた記憶もないし、子供扱いされた記憶もないです。例えば小学生の時、明日、遠足だというと、普通ならば母親が、やれ『キャラメルだ』『チョコレートだ』と鞄《かばん》に詰めてくれたりするでしょう。そういうことが一切ないんです。だから僕は全部自分でやりましたよ。本当の母親でないってことでしょうか」

茂吉と輝子は四人の子供に恵まれたが夫婦仲は最悪だった。輝子は、紀一の長女いく子が三歳で亡《な》くなったために跡取りとして育てられた。乳母や女中、下働きの書生らにかしずかれ、何不自由なくワガママいっぱいの生活を送った。

モダンでお洒落《しゃれ》な紀一のもとで育った輝子は、ふんどし姿でいるような茂吉を理解できない。いわば典型的なファザコンで、夫としても男性としても茂吉では満足できなかった。

一方の茂吉は、病院の院長としての重責の中、歌人としても苦渋の日々で、歌人達と猛烈な論争を展開することもある。家では穏やかな時間を望んでいた茂吉は郷里山形にいるような素朴で心優しい女性を望んでいたと思う。縁側でお茶を飲んだり、団子を食べて家族で一緒に過ごす時間が欲しかった。

しかし、輝子は多くの明治の女性のように従順ではないし、しとやかでもない。好き勝手に外出し、夫をたてようとする心も皆無である。

居丈高《いたけだか》な輝子の態度のひとつひとつが茂吉の神経を逆撫《さかな》でする。外交的な輝子に比べ、茂吉は感情を内面に沈澱《ちんでん》させる。養子の身であるから最大限の抑制をするが、あるレベルに達すると猛然と爆発する。子育てをしない輝子をなじり、イライラし、殴《おう》打《だ》する。輝子にとって茂吉の家庭内暴力は耐え難いものだった。まさに今でいうドメスティック・ヴァイオレンスだろう。

先にも書いたが、輝子は晩年、父に語っている。

「親にもぶたれたことのない五体に、ふた言目というよりはひと言目に手が飛ぶでしょう。そのときは、実にくやしかった。(中略) 悪妻にならなければ、わたくしは生きてゆけなかったのよ。わたくしもワンマンだし、あっちもワンマンだから、ぶつかりあうのはあたりまえでしょう。その上に離婚ができないんだから、悪妻になるよりしようがないのよ」

輝子は茂吉が耐え難く、衝突し、価値観が違う二人の心はどんどん離れていった。

伯父茂太は、子供の頃、茂吉と輝子が事ごとに激しい言い争いをしていたのを覚えているという。

昭和八年正月、茂吉は鹿児島寿蔵氏蔵の連句の中に、「夫婦喧嘩《げんか》で飽くこともなし」と歌い、また島木赤彦宛《あて》の絵葉書にも、「愚妻の性質（先天的、遺伝的）はどうしても時折小生をして喧嘩せしめ申候《もうしそうろう》」と書いている。

茂吉は病院に出る以外の多くの時間を書斎に籠《こ》もり、自分の用事と思索のためのみ外出した。大正十年一月には歌集『あらたま』が刊行され、歌人としての評価が高まりつつあるが、輝子は全く理解しない。二人は一緒に夕食をとることもほとんどなかった。

茂太はテレビのインタビューで語っている。

「お互いにすれ違いの人生で、その孤独感が文学に昇華したというふうに考えていいでしょうね」と。

茂吉が長崎で詠《よ》んだ歌がある。

かりずみの家に起きふしをりふしの妻のほしいままをわれは寂しむ

輝子は幼い頃を思う。

ローマ式建築の大病院の一角には小さな庭があり、バラの花が咲き乱れ、真っ白なバルコニーには純白のレースが風に揺らいでいた。地下にはビリヤードの部屋もあった。小さい頃はお茶のお稽古《けいこ》に行ったり、出稽古のお師匠さんにお琴を習ったこともある。学習院に入ると、「ノーベン」という渾名《あだな》の先生にピアノを習った。

ある年の卒業式には昭憲皇太后さまがお見えになり、煙草盆《たばこぼん》が用意され、長いキセルで煙草を吸っていらしたのがいかにもおいしそうだったこと。

同級生に北白川宮能久《よしひさ》親王のお姫様がいて、お裁縫の宿題が大嫌いだったから、宮さまにやってもらったこと。

お父様の箱根の別荘ができる前には、宮ノ下の奈良屋を夏の常宿にしていて、古くからいる料理女を連れていったこと。

そういえば、青山脳病院のお正月は大勢の居候《いそうろう》を交えて百人一首をした。座敷にはミカンが山のように置いてあって、そのミカンを猛烈に食べて黄疸《おうだん》になって、身体《からだ》じゅうがまっ黄色になってしまったこと。

飴玉《あめだま》を味わうように少女時代の何不自由のない夢のような甘い生活を思い出す。

それにしてもと、輝子は深いため息をつく。茂吉との仲は一体どうなってしまったのだろうか。茂吉は外面はいいものの、家では怒りっぽく、わなわな震えて激昂《げきこう》すると怖くて近づけない。結婚前、茂吉が青山脳病院の養子になる気配がわかってきてからは、「お兄さま、お兄さま」と慕っていたのだ。幼い頃はあんなに仲が良かったのに何故《なぜ》こんなに合わないのだろうか。二人の気持ちが離れ、すでに幾年もたってしまっている——。

輝子にとっては理解できないことばかりだった。

「ああ、そもそもわたくしはこの結婚には乗り気でなかったのだ」とつぶやく。

晩年の輝子は父に語っている（『この母にして』より）。

輝子　わたくしは、あまり乗り気じゃなかったのよ、結婚は……。

杜夫　乗り気じゃないって……？

輝子　わたくしにだって、好きな人がいたのよ、若い頃に。

杜夫　まあ、不思議じゃないけど……。

輝子　誰でもが知っている大藩の支藩の人のお子さんなの。父親同士が親しかったので、しょっちゅう行き来をしていたの。

杜夫　ほう……。
輝子　その人は暁星《ぎょうせい》に行っていたの。だけど、会うときはいつもお父様が一緒のときなの。二人っきりになったことがない。いつも、どこに行くのも両方の親が一緒なの。
杜夫　……。
輝子　わたくし、その人が好きだったの。あっちでも好きだとわかっていたんだけど、そういう話をしたことがない。
杜夫　それで……？
輝子　まあ、若くして死んじゃったの、その人は。
杜夫　ああ……。
輝子　ともあれ、お父様が「結婚しろ」っていえば、「ノー」っていうことはいえませんよ、その頃は。お父様の命令は絶対でしたからね。
杜夫　まあ、どう考えても親父《おやじ》との結婚には不満があったようですね。
輝子　その頃は、誰よりもお父様がいちばん大切だったのよ、わたくしには。だから、お父様の命令には絶対に背《そむ》かない……いまの世の中だったら、どこかに飛び出していたかもしれないけれどね。

輝子は結婚しても少女時代のまま、お洒落をし、娘らしい輝きを放ち、自分の好きなことにだけ時間を費やし、好きな友人と会い、新劇の築地《つきじ》小劇場などにも出入りしていた。

そして事件は起こるべくして起こった。

ダンスホール事件

昭和八年十一月、ついに茂吉と輝子の十二年にわたる別居生活が始まる。後年、「ダンスホール事件」と言われたものがきっかけになった。銀座ホールの不良ダンス教師が、伯爵《はくしゃく》夫人や有閑《ゆうかん》マダム、課長夫人を相手に醜行を演じていたとして検挙されたのである。

この間のマスコミの報道ぶりは、扇情《せんじょう》的なタイトルを競い合い、「ダンス教師が悪いか、マダムが悪いか」と、今のワイドショーや、女性週刊誌も真っ青のはしゃぎようだった。

「医博、課長夫人等々　不倫・恋のステップ　銀座ホールの不良教師検挙で　有閑女群の醜行暴露」というタイトルで、

「京橋区京橋二ノ八銀座ダンスホールの教師エデー・カンター事　田村一男（二四）は同ホール常連の有閑マダム、令嬢、女給、清元師匠、芸者等を顧客《とくい》に情痴の限りを尽し、目にあまるその不行跡に警視庁不良少年係も捨て置けず七日遂《つい》に同人を検挙、取調べるとこの不良ダンス教師をめぐる有閑女群の中には青山某病院長医学博士夫人などの名もあげられ醜い数々の場面を係官の前にぶちまけてゐる（中略）その中でも某病院長夫人の如《ごと》きは余りに頻繁なホール通ひにお抱へ運転手にも遠慮して円タク又は三越から態々《わざわざ》地下鉄で通ひ、甚だしい時は午前十時前に来て田村の出勤を待ち正午迄《まで》、更に共に昼飯後三時迄踊り抜いても飽き足らず、夜も現れて派手な好みの洋装で全ホールの人眼をひきつつ踊り続けるといふ有閑マダム振りを発揮、……昨年以来横浜市磯子《いそご》の待合、田端の料理屋、多摩川の待合等を遊び回りダンスホールでも相当評判を高めてゐたといはれ、博士夫人も七日午後警視庁に呼びだされその行状を聴取された」（東京朝日新聞　昭和八年十一月八日）

と書かれている。

東京朝日新聞のライバル紙である東京日々新聞には同様に刺激的なタイトルで、「愛慾《あいよく》多彩の代表　伯爵夫人を召喚　猟奇の不良紳士も狩る」（昭和八年十一月十六日）と、事件を報じている。

驚くことに十一月八日の東京朝日新聞に輝子本人の弁明記事が載っている。その言い訳がまたいかにも輝子らしい。

「困ってしまひましたわ、男妾だの、何だのといはれて……食事を共にしたこともあり、横浜まで大勢でドライヴしたこともありますが、その時もダンスしに行つた迄でいまはしい関係なんかありません、金銭的補助といつても御礼を多くした位でそれ以上のことは致しませんよ、それ程財政的に余裕なんかありやしません、ダンスを始めたのは一昨年夏で元来が不眠症で困つてゐたのでダンスでもしたら……と主人にも勧められてやり出したのですが別段不眠症の方に効果がなかつたし、主人もダンスホールの芳《かんば》しくない噂《うわさ》に出入りをとめたので今春は参りませんでした、田村はいわば田舎のモボみたいで低級ですが、いつも時間を割いてリードしてくれる男で別にそれ以上に関心を持つていません、何かためにする者がデマを飛ばしたものらしく本当に飛んだ災難ですワ」

父によると、「ダンスホール事件」の前にも輝子は二度ほど情事を行っていたそうで、青山脳病院の一部の間では公然の秘密だったという。それは茂吉も知っていたに違いない。しかし茂吉もまた女遊びをした。女中と恋仲となり相聞歌《そうもんか》を作り、医局時代には遊郭《ゆうかく》に通ったこともある。

しかし、「ダンスホール事件」は新聞のゴシップとなり、茂吉も輝子も警察に呼ばれ、事情聴取をされた。男は何人妾《めかけ》がいてもお咎《とが》めなしだが、同じことを女がやると「刑法第百八十三条」の姦通罪《かんつうざい》で罰せられた時代だ。

ついに茂吉の堪忍袋《かんにんぶくろ》の緒が切れて輝子との別居を決意する。輝子は三十七歳だった。厳格な女子学習院の同窓会組織である常磐会《ときわかい》からは除名され、名家のご夫人らは眉《まゆ》をひそめたが、輝子は一言も弁明することがなかった。

その事件の頃、父はまだ六歳で幼かった。布団《ふとん》で寝ていると、夜遅くに簞笥《たんす》を開け閉めするカタカタという物音がする。翌朝、輝子は忽然《こつぜん》といなくなった。茂太は十七歳であったが、長女百子は八歳、昌子は四歳と幼く、母親に甘えたい年頃で、父は心細さのあまり布団の中で泣いた。ただただ寂しかったという。大好きな母親が家の中から突然、消えてしまったのだ。

茂吉と輝子の結婚生活二十年目の破局だった。

二十年《にじふねん》つれそひたりしわが妻を忘れむとして衢《ちまた》を行くも

ところがそれから一年近く経《た》って乳母である松田の婆《ばあ》やが父達に輝子の所在を教えてくれた。青山脳病院の本院にある、輝子の弟・西洋の家に居候《いそうろう》をしているという。父達は病院の車に乗って輝子に会いに行き、三人の子供は母に抱きつき、長い間泣きじゃくった。十八歳の茂太だけ、困ったような顔をして後ろに立っていたらしい。

その後、子供達は母の居場所がわかって安心したのか、ちょくちょく理由をつけて会いに行くようになる。茂吉は子供達が会いに行くのを知ってはいたが、止めるようなことはなかったらしい。

輝子が母親らしい気持ちを抱いたのがこの頃からだった。

改めて父に「ダンスホール事件」の真相を聞いた。

「ダンスホール事件で、輝子はおじいちゃまと別居し、弟である西洋叔父の家に居候したの。パパは、『楡家《にれけ》の人びと』を書くために新聞を調べて初めて真相を知ったのね。病院の医者との情事は、西洋の妻・淑子叔母様に聞いた。でも淑子叔母も実家に対しての気兼ねがあっただろうし、近所の目もあり、輝子を煙たがっていたから、そんなことを言ったのかもしれない。真意はわからないね」

齋藤家を追い出された輝子は弟の家に世話になりながらも一家の主《あるじ》のようにふるまう。弟一家にしてみれば世間体が気になる。さすがに輝子は毎日の外出を控えたようだが、「わたくしは白身のお刺身が好きなの」と悪びれることなく好物を要求するなど、ワガママ放題だった。家族全員が輝子に振り回され、弟は輝子と顔が会わないように長い廊下でつながった離れの部屋を作ったという。

その頃、子供たちに対して初めて母親の顔を見せる。

「たまにパパ達をドライブに連れて行ってくれた。千葉とかにね。豊島園《としまえん》に連れて行ってくれてウォーターシュートをやったこともある。おばあちゃまは好奇心が強いから、一緒にやって面白そうだったたね」

「嬉《うれ》しかった？」

「それは楽しかったね。実の母だから。パパ達が遊びに行くと、ゼリーやプリンを作って待っていてくれたの。別れて暮らしていたから余計に母性本能がかきたてられたのね」

「パパは輝子おばあちゃまが病院の医者と不倫したり、ダンスホールの教師と肉体関係があったと思う？」

父は小さな声できっぱり言った。

「……ないと思うね」

「何故そう思うの？」

「輝子はそういう女性だから」

決して自分の過《あやま》ちを認めず、「ごめんなさい」も、一言の言い訳も言わない輝子。

茂吉と輝子が全く和解のそぶりも見せなかった頃、茂太と美智子の見合いが行われた。

美智子は当時を語る。

「その頃、輝子おばあさまは世田谷松原にある青山脳病院本院の地続きにある家に住んでおられ、そこに両親と私が挨拶《あいさつ》に参りました。私はその時、慣れない訪問着なものですから、かしこまってただただ恐れ入っておりました。茂吉おじいさまと仲たがいをし、実家で暮らしていらっしゃると伺っておりましたので、『性格のお強い方かしら』と思っておりましたが、とてもご機嫌がよろしくてほっといたしましたのよ。

輝子おばあさまは威厳がおありになって、齋藤家の象徴のように見えました」

帝国ホテルでの茂太と美智子の結婚式にも輝子は列席しなかった。全く寄り添う気配のない二人だったが、それが再び同居することになったのは戦争がきっかけである。

昭和十九年四月、父は麻布中学在学中、大森の爆弾投下器を製造する軍需工場に動員された。昭和二十年になると日本本土でB29の大規模な空襲が始まり、敗戦の色濃く、いつ死がおそいかかるかわからない。誰もが死の恐怖と背中合わせだった。同年四月、軍需工場が空襲で焼け、父が見に行くと石炭置き場に真っ黒焦《こ》げになった二人の焼死体があったという。

戦後の窮乏生活

伯父茂太は結婚後三ヶ月で、召集令状の赤紙を受け取る。昭和十九年二月初旬に召集され、千葉県市川市の国府台《こうのだい》陸軍病院（現在の国立国際医療研究センター国府台病院）の精神科の衛生部見習い士官として勤務し、七月には千葉にある鉄道連隊に転勤になる。

補充兵輸送の軍医として中国戦線に出動させられ、中支の前線に行き、半年間、全く連絡が取れなくなった。中国での行軍では一日に粉醤油《しょうゆ》、粉味噌《みそ》、干し魚一本を支給されるだけで、「命令するまで食べるな」と指揮官が伝達しても兵隊の中にはあまりの飢えで食べてしまう者も多く、息絶えた人も大勢いた。

それでも茂太は気力だけで耐え抜き、十二月の厳寒の中、オーバーもなく、夏の軍衣袴《ばかま》で米軍が落とした落下傘《らっかさん》の布をマフラーがわりに巻き、歩いた距離は東京から名古屋間にあたる三七〇キロ。夜間、膝《ひざ》まであるぬかるみを行軍し、昼間は敵の襲撃を避けるために隠れたという。

そして同年十二月、ついに奇跡的に帰還をはたす。当時青山は松原に比べ、一層危険な都心であるから、警察の命令で患者を郊外の他の病院に移さねばならなくなり、再興した青山脳病院は、昭和二十年三月いっぱいで廃院するところまで事態が進んでいた。職員も一人減り、二人減り、今や数名だけが残るのみだった。

三月十日、東京大空襲があり、死者十万人という悲惨《ひさん》な災禍に見舞われ、茂太も軍救護隊として焼跡に一週間救護所を開設して治療にあたった。生存者も大火傷《おおやけど》を負っている惨事である。茂吉はこの戦況を見て、山形上山への疎開《そかい》を決意した。自分が不在になった後、病院の規律を守るには輝子が必要だった。

三月十四日、茂太が勤務の間を抜け出して久しぶりに青山に帰宅すると、茂吉から相談された。

「今度、輝子を青山に迎えようと思うが、お前はどう思うか」

今日死ぬか、明日死ぬかわからないような戦況になり、家族がバラバラで住むより一緒の方がいいのではないかという心境であったらしい。また病院の職員の中にも、「早く院長夫人に戻ってきて欲しい」と、茂吉を説得する声が出始める。緊迫した戦局が二人の関係を変えたのだ。

三月二十一日、茂太の誕生日であり、硫黄島《いおうとう》の陥落が大本営から発表された日に、輝子はなんら悪びれずに、病院の関係者に頭を下げることなく平然と家に入ってきた。ところが相変わらずイライラする茂吉と居丈高《いたけだか》な輝子は、別居前の関係と何ら変わらなかった。一瞬にして二人は衝突し、ぶつかりあう日々が始まった。そして四月十日に茂吉は輝子を避けて山形に疎開してしまい、再び、離ればなれになる。

私は父に問う。

「茂吉おじいちゃまだけが疎開しても、東京に残った家族は空襲で焼けて死んでしまう心配があったんじゃないの？」

「だからそういうところが茂吉はエゴイストなの。自分が一番大切だから。大切というのは自分がやる仕事が大切という意味ね。昔から勉強熱心だったから」

五月二十五日、東京大空襲。一夜明けたら再建した青山脳病院は全滅だった。父は身ひとつで、伯母美智子も叔母昌子も命からがら逃げ出した。青山一帯は焼け野原になり、明治神宮への参道は死屍《しし》累々《るいるい》で住む家もなくなってしまった。輝子の従兄弟《いとこ》である青木副院長宅が墓地下で被害を免れていたので、一家はそこに転がりこみ、一間を借りてしばらくは八人で暮らすことになった。しかし副院長宅は、齋藤家だけでなく何家族も引き受けており、応接間や廊下なども避難民でいっぱいだった。

父が翌朝、参道の跡地を見に行くと、土を掘ってその上に板をかぶせ、板の上にまた土を盛った簡易な防空壕《ぼうくうごう》があり、市民がそれを掘り起こして死体を確認していたという。神宮の参道前に石灯籠《いしどうろう》があり、焼死体がピラミッド型に積み重なっているところが二箇所あった。衣服を着ているものもあれば、裸のものもあり、あまりに悲惨な光景であった。

父は語る。

「その様子を『楡家の人びと』に書いたら、同じ青南小学校に通っていたというご婦人から手紙がきたの。『あの死体を積んだのが私です。焼け残って生き延びた時、軍隊がきて、死体を集めて積むようにと命令が下り、手伝わされ、後で褒美《ほうび》として握り飯二個をくれたんです。お腹《なか》がへっていたから食べたけれど、今思い出してみても、あんな状況下でよく食べられたと思いました』と書いてあった。非常な怖さを通り越してみんな一種の興奮状態の中にいたんだね」

輝子は惨状を目の前にしても動じることがなかった。

伯母美智子は空襲の思い出を語る。

「輝子おばあさまのお着物が全部燃えてしまって、渡辺婦長さんが、『大奥様、お美しいお着物が焼けてしまって、お気の毒に……』と、涙をこぼされたら、『さっぱりしたわ』っておっしゃられて。あの落ち着きようは本当に驚きました。物はなくなっても、無から始めることに全然こだわらない真骨頂が発揮されることになるんです。どんな困難でも、いつも毅然《きぜん》とされていらっしゃいました」

しかし、茂吉の悲しみは深かった。ヨーロッパ留学の際、必死で買い求めた書物は病院の失火で全《すべ》てを失ってしまったが、その後もたくさんの歌を作った。書斎には、お弟子さんが清書し、一部は自分用として綴《と》じて製本していた歌集がたくさんあった。

単行本や文庫本はセロハンやハトロン紙を全部剝《は》がして、和紙に自ら柿渋《かきしぶ》を塗ったカバーをかけていた。「紙が丈夫になる上にいい横縞《よこじま》模様になって味が出てくるから」と、いつも柿渋を用意していた。

無事だった何十冊かは伯母美智子と父が梱包《こんぽう》し、山形の疎開先に送ったが、書斎にあった八万冊以上もの書籍や雑誌が灰になってしまったのだ。

茂太は下部《しもべ》温泉の国府台陸軍病院分院にいて、病院と自宅が焼けたのを知らなかった。近所に住む茂吉の高弟が、茂吉と茂太に「ヤケタ　ミナブジ」と電報を打ち、茂太が二日後に慌《あわ》てて青木家に駆けつけてきた。住む家がなくなり、伯父茂太と美智子は、美智子の実家である小金井にある宇田家に、輝子と父の妹昌子は茂吉のいる山形上山に疎開することになったという。

父は旧制松本高校の入学式が八月一日と言われていたが、住む家がないため松本へ向かう。

「当時、緊急の旅行を要する人でないと切符が取れない時代でね。新宿駅前に机があり、国鉄職員が書類審査をするの。パパは、『親戚《しんせき》の家が食糧難で困っているんです』と涙声を出したら、判子を押してくれて、『どうだ、俺は寛容な男だろう！』と横柄《おうへい》なロを利《き》かれた。国鉄職員だけじゃなく、特権を持った人が一般庶民に対してやたらに威張っていた頃だったね」と、父は語る。

昭和二十年八月十五日、太平洋戦争終結。茂太は国府台陸軍病院におり、伯母美智子は実家の宇田病院で玉音放送を聞き、終戦を迎えた。戦争が終わったものの、三食お世話をしている患者さんを預かっている現実があり、食糧は芋だけでも一俵はないとやっていけない。

病院の職員や患者さんの食糧確保のために、畑を耕してキュウリやトマト、インゲン、ナス、カボチャ、スイカ、トウモロコシなどを植え、慣れない農作業に追われたという。

終戦の年の暮れ、伯父夫婦は美智子の実家から、西荻窪《おぎくぼ》の家に移り住むことになる。新聞広告で見つけた売り家で六万円だった。

ところが引っ越した家は八畳、六畳、四畳半の平屋、風呂《ふろ》なし、水道なしのボロ家で、根太《ねだ》は腐り、畳を歩くとズブズブと足が沈んだ。松本にいる父も数日だけ戻ってきたが、雨戸が一枚もなく、江戸時代の浪人の住む裏長屋のようで、井戸から缶カラで水を引き上げるようなすごい家だったと言う。

耐乏生活の中、疎開先の輝子からは、「一刻も早く帰りたい」と言ってくる。おそらく、山形の田舎での茂吉と一緒の生活は限界にきていたのだろう。

翌年二月中旬、輝子と昌子は「帰ってきたわよ」と、何の前触れもなく戻ってきた。通路まで人であふれかえるスシ詰めの列車に乗って、山形から立ち通しで七時間もかかったと言う。

輝子は家を見回し、つぶやいた。

「これじゃ、お父様はお迎えできないわね」

雨戸は前の住人が薪代《まき》わりに燃やしてしまい、障子からは寒風がヒューヒュー入ってきて外と同じ寒さだった。もちろん冷蔵庫もない。

「ボロ家にもかかわらず、輝子おばあさまは少しもこだわらず、それぞれの部屋に、『珊瑚《さんご》の間』とか、『真珠の間』と名前をおつけになられ、とてもお元気で明るく見えました。私が長男の茂一を出産して退院して戻ると、輝子おばあさまが家事を手伝って下さいました。生まれて初めてのことをなさるわけです。

ご飯はお焦げで青菜はガリガリ。水が沸騰《ふっとう》したところに野菜を入れるとすぐ火を止めておしまいになるんですの。倹約の意味もあるんですけれども、せっかちでいらっしゃるから。お七夜の祝いには、実家の母が来ると輝子おばあさまが喜んで下さって、祝いのお膳《ぜん》を全員分作ってくださったのよ。お膳を出してくださったのはいいのですけれど、帰りがけに母がきて、『大丈夫？　お腹、こわさないように気をつけてね』と言って帰りました」

と美智子伯母は述懐した。

私が輝子を尊敬しているのは、どんな困難なときにもそれを乗り越えてしまう精神の強さだ。青山脳病院が炎上し、金策に茂吉が走りまわっている時、それまでお金に困ったことがないお嬢様だった輝子も必死で頭を下げて回ったという。

また、山形上山の疎開から戻った西荻窪の家は、前述したような有様だったが、輝子は家族みんなを鼓舞《こぶ》し、明るく乗り切った。配給されるのは干物のスケソウダラばかりだったが、不平不満を口にしたことがないという。

後年、娘の百子、昌子を亡《な》くした時、同居している美智子には涙を見せなかったが、私の母には次女昌子が亡くなった時、初めての涙を見せたという。

「あの気丈な輝子母上様《ははうえさま》がさめざめとお泣きになったのは、次女の昌子様が亡くなられた時だけです。『逆縁ほど悲しいことはない、逆縁はいけませんよ』って」

しかし、それ以外、涙を見せることはなかった。

そして何よりも晩年、茂吉が衰えて寝たきりになった時に、輝子は一緒に部屋に寝泊りし、来客の応対から、寝巻きの取り替え、清拭《せいしき》から下の世話にいたるまで、甲斐《かい》甲斐《がい》しく病人の世話をした。

家族は、あんなに仲が悪かった輝子の献身的な介護に驚いたという。

父が語る。

「パパが文学青年になって茂吉を崇拝するようになってから、輝子おばあちゃまが、茂吉の世話をほとんどせず、自分勝手にふるまっていたことに反感を抱いたこともあるの。それが晩年、おじいちゃまが弱られてから世話をした。輝子は、弱いものには優しく手を差し伸べる。おじいちゃまが高齢になり、今まで強者だったのが弱者になり、輝子が強者になり、やっと思い通りになるようになったから優しくなったのね」

昭和二十六年十一月三日、茂吉は六十九歳で文化勲章を受章した。しかし、茂吉の衰えは著しかった。

「茂吉おじいちゃまは今で言う呆《ぼ》けが進行していたんだね。以前はパパが仙台から帰ってきても喜んでくれたけど、その頃にはほとんど感情を表さなかった。文化勲章を受章した時も新聞記者が取材にきて、『ダメだ、ダメだ、ダメだ』と嫌がったのを、輝子と美智子、昌子が無理矢理、着物を着換えさせて、カメラマンが写真を撮ったの」

授章式の当日は茂太と輝子がつきそって皇居に行った。茂吉はかなり歩行が不自由になっていたが、何とか無事に式をすませた。

翌年三月三十日、茂吉の希望で一家は茂吉の浅草行きを決行する。茂吉は十四歳の時に上京し、浅草医院にやってきた。死を予感して浅草を見てみたいと言い出したのだろうか。輝子と茂太と父がつきそった。

山形県東京事務所長鈴木啓蔵氏が車を用意して同行してくれた。その時、浅草観音の前で左手を上げて拝んでいる茂吉の写真が残っている。ヨロヨロとした足取りが弱々しく、今にも倒れそうだが、父によれば、穏やかで幸せそうな輝子が茂吉と手をつないでいたらしい。浅草日輪寺で、養父母の齋藤紀一・勝子の墓参をし、言問団子《ことといだんご》を食べた。

実は後年、亡くなる直前の輝子が最後に口にしたのが言問団子であった。すでに点滴だけの状態で固形物を口にもできず、会話が満足にできない状態であるにもかかわらず「言問団子を食べたい」と言った。伯父茂太の長男茂一の嫁が慌てて買いに走り、小さな団子をさらに小さく切ったのを輝子は喜んで食べた。輝子は何も食べられず、点滴の毎日だったから、医者は、「固形物を食べることができたのですか」と驚いた。亡くなる前年に茂吉が食べた団子と同じものを、輝子も望み、味わったのである。

昭和二十八年二月二十五日、午前十一時二十分、茂吉は心臓の発作を起こし、亡くなった。七十歳であった。

茂吉が亡くなると、茂太は、茂吉の解剖を近しい人にはかった。中には茂吉を崇拝するあまり、心情的に賛成しがたい意向を露《あら》わにする人もいた。

しかし、輝子の、「あなたが必要だと思うなら、そうなさい」という一言で万事が解決して、翌日、東大病理学教室で解剖してもらった。

六月四日、納骨式が行われ、茂吉は青山墓地に葬《ほうむ》られた。

すると、輝子は突如として、自分の墓を作るように茂太に命じる。

「茂吉が入った墓は、『茂吉之《の》墓』であるから余人が入るのはおかしい。わたくしの入る墓を作りなさい」

ついには同じ墓地内に、「齋藤家之墓」を作らせた。しかし、この墓に輝子が入るのは三十一年後である。

しのび寄る老いの兆《きざ》し

昭和五十七年正月明け、輝子は前年に行ったジンバブエのお土産を持って遊びにきた。私は大学一年生で十九歳だった。

この頃の父は鬱病《うつびょう》がひどく、夕方まで寝ていて、夕食の席でも一言も喋《しゃべ》らず、辛《つら》そうな表情を変えることがない。

前年の夏は大躁病《だいそうびょう》で、輝子への挨拶《あいさつ》もそこそこに、濡《ぬ》れタオルを頭に巻いて証券会社の人と電話でケンカをしたり、母に怒鳴ったり、自分の言動にゲラゲラ笑っていたのに天と地ほどの違いがある。何故《なぜ》、こんなにジキルとハイドのように変わるのか、私は不思議でしようがなかった。

「どうして宗吉はこんなふうなのかしらね。由香が不憫《ふびん》でしようがないわ」

輝子は本当に情けなさそうに言った。その様子を見て私の方が悲しくなった。

そして、輝子は、先日、誰々さんのお葬式に出たのよと父に報告した。輝子の友人がどんどん亡くなっており、毎月、誰かのお葬式に出ていた。

輝子は「葬式」の話が大好きだった。

「ねえ、宗吉、わたくしももうすぐ死ぬけど葬式はしないでちょうだいね。わたくしは葬式不要論者なの。お葬式なんてものは人が義理でくるんですから絶対しちゃいけませんよ。あんなに不経済で傍迷惑《はためいわく》なものはありません。遺族にとっては莫大《ばくだい》な出費です。寒い冬のお葬式に行って、バタバタ死ぬ人がいっぱいいるんですから」

「バタバタ死ぬ」という大仰な言葉に私は大喜びした。

父も苦笑まじりで輝子に言う。

「そうですよ。葬式なんてものは人様に迷惑だからやるもんじゃないです。茂吉は仕方なかったですけど、お母様はやる必要はないですよ。志賀直哉《しがなおや》先生のご葬儀に行ったら、自由葬で花を捧《ささ》げるだけで、すがすがしくて良かったですけどね」

「あら、それならいいわね。とにかく、わたくしは命はちっとも惜しくないの。早く死にたいから。飛行機事故でパッと死ぬのが本望なのよ。病気でじわじわ死ぬのが一番嫌ね。わたくしが乗った飛行機の前後の便が墜落したり、事故を起こしたりしたけど、本当に代わってあげたかった。どうもエンマ様が呼んでくれないの。わたくしなんか、ごくつぶしだから早く死んだほうがいいのにね」

父の鬱病は一向に良くなる気配がなく、食事も一日一食で、起きる時間もどんどん遅くなる。

ついには、「パパ、七時のニュースだから起きて」と、夜の七時に起こす有様だった。

見るに見かねた輝子が、「全く宗吉はいつまでも鬱病で仕方ないわね。海外の暑いところに連れて行ったら治るかもしれません」と突如言い出して、昭和五十七年四月、輝子と父母と私がバンコクに行くことになった。

ツアーではコネクティングルームを申し込んでおり、父母で一部屋、輝子と私で一部屋を使う予定にした。

「由香、本当におばあちゃまと同じ部屋で大丈夫？　心配ならママがおばあちゃまと寝て、由香はこちらの部屋に来てもいいよ」

父は何度も同じことを言った。

以前、パリ旅行で輝子の桁外《けたはず》れの元気に振り回されて、「年寄りのわたくしが元気なのに、宗吉も喜美子もだらしがない」と怒られていたので、心配になったらしい。

ところが私は輝子と同室でも何の問題もなかった。輝子は部屋の中でもテキパキと片付けものをして、「おばあさん」という素振りを見せない。

お風呂に入るため、輝子がワンピースを脱いだ時、その首すじがあまりに細くて白いことに驚く。このたおやかな華奢《きゃしゃ》な身体《からだ》のどこにこんな活力があるのだろうかと、私は信じられなかった。

バンコクに着いた翌朝、チャオプラヤ川の水上マーケットツアーに行くという。船の上で果物や麺《めん》類などを売っている水上生活者達を見物するのだが、ガイドさんが、「この国では今日は旧正月にあたります。子供達が通りかかった舟に水をかける慣習で、ソンクランという『水かけ祭り』があります。近頃は禁じられているのですが、いざ行ってみないとどんな具合か、私にもわかりません」と言った。

日本では夜近くまで寝ていた父も、せっかくの旅行だからと早朝出発のツアーに参加することになり、短パンにチェックのシャツに運動靴というスタイルで船に乗りこむ。木製の細い舟の舳《へ》先《さき》には竿《さお》を持った船頭がいて、私達四人が乗り込むとギューギュー詰めである。

チャオプラヤ川を下っていくと両岸には民家が建ち並び、家の前にある桟橋に座って赤ん坊に母乳を与えている母親がいる。大人たちは川で洗濯をしたり、食器を洗ったり、子供たちは川の浅瀬で遊んだりしている。心地よい風に吹かれ、のどかな景色と雰囲気に輝子も父も満足げな表情だった。

しばらく川を下って行くと、果物や花、木製の大きな皿、色鮮やかな象の模様を描いたタイシルクのバッグ、仏像などの石の彫刻を売るために何十艘《そう》ものカヌーのような舟がひしめいている。その上、彼らを見物する観光船が蝟集《いしゅう》し、川の上は大混雑していた。

舟の中にはラーメンを売っているものもあって、大鍋《おおなべ》を乗せてグラグラと湯を沸かしている。注文を受けると、鍋にワンタンやモヤシ、団子を入れて、プラスチックのラーメン鉢にスープと麵を流し込み、わずか一分で出来上がる。その手際《てぎわ》の良さに思わず見とれてしまう。鉢からふわーっと湯気が立ち上り、何とも美味《おい》しそうだ。

ツアー客の中には値引き交渉をやりながら、マンゴーを買ったり、カバンを買ったりしている人もいたが、私達は何も買わずさらに川を下って行った。次第に土産舟はいなくなり、両岸に民家が建ち並ぶ一帯に入っていくと、十人程の子供達が川に潜って遊んでいる。

と、その時、バケツの水が、「バシャーン」と、私たちにかけられた。一瞬、何が起こったかわからない。

「ママ！　服が濡れた！　ビショビショ！」

「ママもよ！　これ何！」

輝子も髪から水をしたたらせながら憮然《ぶぜん》として言った。

「何ですか、これは？」

船頭のオジサンは言葉も通じず、ニコニコと笑うだけだ。

そういえばガイドさんが、「水かけ祭りというのは、各地で水をかけて新年をお祝いするものだ」と説明していたのを思い出す。

最初、「服が濡れた」「パンツまで濡れた」と笑っていた私達も、そのうち、「これは大変なことになった」と思うようになった。子供達はビニール袋に水を入れゴムで縛ったものを何十個も持っており、桟橋から私達の顔を目がけて投げてくるのだ。たまにマンゴーやパイナップル、バナナなどの果物を載せた土産舟が来てすれ違う。思わずその鮮やかな色彩にほんの一瞬気をとられていると、「バシャーン」とやられる。そうこうするうちに顔にガツンと石が当たった。すごい衝撃だった。

「痛いーっ！」

石だと思って袋を見ると、氷がギッシリ入っている。

「パパーッ！　ビニール袋の中に氷が入っている！」

「輝子おばあちゃま、あそこにいるから気をつけて下さい！」

「由香、あその岸にもたくさんいるわよ！」

「ママーッ、左にいるよ、左に！」

私はあまりの痛さに泣いていた。父も、「こめかみに当たった！　血が出ているんじゃないか」と不安そうな声を出す。髪がビショビショの母も悲鳴を上げている。こうなってくると、水かけ祭りは祭礼でなく、恐怖の洗礼だった。

「こりゃあ、観光どころでないぞ」

「今度は大勢が潜っているわよ」

輝子も全身ズブ濡れだったが、私達と違って騒ぐことなく無言で頭を下げて小さくなっていた。ようやく舟が桟橋に到着したが、みんな疲れきっていた。一度ホテルに戻り、服を着がえる羽目になった。私達はブーブー言っていたが、輝子は気にとめていない様子だった。

その日の午後はバンコク市内にある寺院を見学した。ガイドさんに豪華絢爛《けんらん》で色鮮やかな寺院を案内されたが、輝子は「由香、あそこにお手洗いがあるから、今のうちに行っておいた方がいいですよ。お紙、あげましょうか？」とか「スリがたくさんいるから、気をつけなさい」と、寺院よりも、トイレやスリの話ばかりしていた。

しかしこれは世界各国を訪れている輝子の知恵なのだ。煌《きら》びやかな寺院をバックに四人で撮影した写真があるが、輝子は真っ白なワンピースに黒のサングラス。まるでマフィアのボスのママといういでたちで、相当に威圧感がある。

翌日は、日帰りでパタヤビーチに行く予定だったが、輝子は、「海に行っても泳がないから、わたくしはホテルで少し用を片付けます」と、一人ホテルに残った。私は輝子の言葉に何の疑問も抱かなかったが、輝子の水泳好きを知っている父にしてみれば異例のことだった。輝子は戦前、ＹＭＣＡで水泳の講習を受けていて「わたくしは正統派のクロールを知っているのよ」と自慢しながら泳ぐ姿を知っていたので、てっきり父は輝子が一緒に海に行くと思っていたのだ。

後に、父は「おばあちゃまの老いを初めて感じた」と言っている。

バンコクからパタヤビーチまではバスで二時間半程の旅だった。両親そろっての海水浴は初めてで嬉《うれ》しかった。

ようやくパタヤビーチに到着すると、大海原が広がる。

「バナナボート、アルヨ！」

「ヤスイヨ、ヤスイヨ！」

マリンジェットや水上スキー、シュノーケリングもあるという。

外国人の子供達がパラセーリングをやっていた。砂浜でパラシュートをつけると、沖にいるボートが猛スピードで走る。するとその勢いでパラシュートがふわーっと空高く舞った。そして再び砂浜に着地した。

その様子を見て私は、「子供でもできるんだから、パラセーリングをやってみたい！　パパも一緒にやらない？」と誘うと、鬱病でおとなしかった父は元気に、「よし、パパもやるゾ！」と、大声で言った。確かに輝子の言うとおり、南国に来て父の鬱病は治ったのかもしれない。

私は父の元気そうな姿を見て嬉しかった。母も幸せそうだった。

まずは私の番だった。

「ココニ、アシヲトオシテ、ロープヲモッテクダサイ。オリルトキハ、コノロープヲ、ヒッパッテクダサイ」

パラシュートのベルトはズボンのサスペンダーみたいになっており、ドキドキしながら足を通し終えると、砂浜にいるタイ人が沖合いのボートにGOの合図である旗を振った。あっという間に地面から足が離れ、眼下の砂浜では父や母が手を振っていた。

私は一生懸命に手を振った。

「パパーッ、ママーッ！　すごく高いよーっ！」

海水浴客が小さく見える。ボートが沖合いに出ると、パラシュートもひっぱられて、大海原をふわーっと、一周した。眼下は海で遠くの父と母の顔も見えない。

しばらくすると、遠くの砂浜にいるタイ人が旗を大きく振った。何かを叫んでいる。

ボートが再び砂浜に近づくと声が聞こえた。

「ロープ、ヒッパッテーッ！　ヒッパッテーッ！」

タイ人が大声で叫んでいる。風が強いのでロープを引っ張るのに力がいる。

海に落ちたら大変だと必死でロープを引っ張ると、ふわーっと砂浜の上に着陸し、

父と母が駆け寄って、ベルトを外すのを手伝ってくれた。

まさに私が憧《あこが》れた家族旅行そのものの光景で最高の気分だった。

私は大声で言った。

「すごくいい気分だよ。パパも頑張ってね！」

タイ人が父にいろいろと説明をするが、父は心ここにあらずで全く話を聞いていない。沖合いのモーターボートが走り出すと、パラシュートがふわーっとふくらんで、

父の体は上空に浮かんだ。

「パパが飛んでる！」

母もニコニコ笑っていた。私は海岸線を走り、「パパーッ！　パパーッ！」と、一生懸命に手を振った。ボートが大海原をすごい勢いで爆走し、五分程すると、同じく減速した。

浜辺にいるタイ人が、「ヒッパッテーッ！ ヒッパッテーッ！」と叫んでいるが、父は大きく手を振ったままでロープを引っ張る気配が見えない。

タイ人は大声で叫ぶ。

「ハヤク、ヒッパッテーッ！ ロープ、ヒッパッテーッ！」

「パパーッ！ パパーッ！ ロープを引っ張らないと海に落ちちゃうよーっ！」

そのうちパラシュートがしぼみ始め、ついに父は沖合いの海にザブンと落ちてしまった。

「キャーッ、パパ、大変だ！」

「あなたーっ、大丈夫!?」

母も血相を変えた。

タイ人が大慌《おおあわ》てでボートで父を助けに行くと、父は全身ビショビショで砂浜に帰ってきた。その姿に母も私も大笑いした。

「パパって力がないんだよね」

「合図を全く聞いてないから落っこちるのよ」

その日の夕方、バンコク市内のホテルに戻ると、部屋で待っていた輝子はスカートの裾上《すそあ》げの繕《つくろ》いものをしていた。

父が海に落ちた話をすると、輝子は嬉しそうに笑った。

「わたくしも、いつか、パラセーリングをやってみたいと思っているのよ」

タイ旅行から帰ると、あんなに元気だった輝子は、次第に弱音を吐くようになった。

「旅行に行くのはいいんだけど、スーツケースが重くて難儀なのよ。今度の旅行に、誰か、お供できてくれないかしら。茂太は忙しいって言うけど、宗吉はどうなの？」

と、真面目《まじめ》な顔で言うようになった。

「おばあさまは、前々からインド洋の西に浮かぶ楽園、セイシェルに行きたいと思っているんだけど、宗吉、あなたたち一家で一緒に来てくれない？」

父の家に来る度に同じことを言われる。

ついには母が、「おばあちゃまもご高齢ですから、今のうちにご一緒しましょう」と、タイ旅行の翌年、私が大学三年を控えた昭和五十八年の春休みに、また輝子と父母と私の四人で、セイシェルに行くことになった。実はこれが輝子の最後の海外旅行になるのだが、その時はそんなことはまったく考えられなかった。

途中、スリランカのコロンボに一泊し、翌日セイシェルに飛び、マヘ島のホテルに到着した。

翌朝の四時頃、鳥の鳴き声で起こされた。枕《まくら》もとで鳥がさえずっているようで、うるさくて寝ていられないのだ。部屋のベランダにはたくさんの小鳥がいたので、私達は朝食のバイキングに行くと、パンを部屋に持ち帰った。ベランダの窓にちぎって置いてやると、スズメより小さい赤や黄色や青色の色彩豊かな小鳥たちが飛んできて、あっという間に持っていってしまう。その愛らしさに、輝子は「可愛《かわい》いわね」と大層喜び、母も私も夢中になってパンをまいた。

マヘ島のホテルには一泊だけの滞在で、翌日は海鳥がたくさん集まるというバード島に行くことになっていた。小型飛行機で三十分の距離。大草原以外、何もない辺鄙《へんぴ》な滑走路に到着すると、バスに乗せられてホテルへ向かう。

季節が夏なら、岸を覆《おお》うセグロアジサシの大群が見られたそうだが、まだ三月なので見ることができなかった。

しかし、ヒッチコックの映画のように海鳥はたくさん飛んでいたし、鮮やかな青色の小鳥がいっぱい海岸にいる。

ホテルに向かう途中、ゾウガメがいる観光地に立ち寄った。年齢が二百歳だという一メートル以上もの大きなゾウガメの背中に父母や輝子と一緒に乗ったが、全く動かない。

「このゾウガメ、剝製《はくせい》かおもちゃじゃない？」

「観光用に、陶器のゾウガメを置いているんだよ」

みんなで口々に言っていたら、三十七キロの輝子を乗せ、象のような足で、急にのっそりのっそりと動き出したので大笑いした。その時の写真が手許《てもと》にあるが、輝子はいつものように白い大きな帽子をかぶって、黒のサングラスをしている。

ようやくホテルに到着すると、マヘ島のホテルより豪華で、樹木や花が咲き乱れた中庭にレストランがあり、デザートに輝子はライチを嬉しそうに食べた。夕食の後、ダンスをするホールもあった。

父は、東北大学医学部の学生時代、仙台で寄宿していたが、戦後で何も遊びがなかったのでひたすらダンスをやり、ジルバやサンバ、マンボなどが踊れる。母も娘時代、ドイツで踊っていたので、二人は楽しそうにジルバを踊った。

父は大袈裟《おおげさ》に手を広げて母をリードし、母も気取って胸をそらす。父と母が二人で楽しそうに踊っているのを初めて見た。

私はそれが羨《うらや》ましくて、「ねえ、パパ！　次は由香と踊って！」とねだり、父にジルバを習った。

「こうやって踊るんだよ」

父は得意顔でジルバを教えてくれた。最初、ステップがあわず、父の足を踏んだり、つまずいたりしていたが、次第にリズミカルなダンスミュージックに乗って、二人でクルクル回った。

私が小さい頃から父は躁病《そうびょう》になったり鬱病《うつびょう》になったりでややこしかったが、私は一度も父を嫌いに思ったことがない。思春期になると、学校の友達が、「お父さんのことが嫌いになった」とか、「パパが帰ってくると顔を合わさないように自室に行くんだ」というようなことを話していたが、私にはそんな感情が全くないまま、大人になった。

私達がジルバを踊っていると、輝子は先に部屋に戻って休むというので、真夜中まで父と母と楽しみ、翌日はホテルでのんびりする自由行動の日にした。ホテルの中庭にもプールがあったが、せっかくだからと、母と海に泳ぎに行った。砂浜は小麦粉のように真っ白で、素足で歩くと、ふんわりと気持ちいい。日本のザラザラした砂浜とは違う。大海原はどこまでも深いブルーで透明である。

海で泳ぐのは輝子と父母と一緒に行ったタイのパタヤビーチ以来だった。仰向《あおむ》けに浮かんでは大空を見上げる。真っ白な入道雲がモクモクと広がり、海からホテルを見ると、中庭のヤシの木や真っ赤な花や黄色の花が咲き乱れ、ゴーギャンの絵を見ているようだった。

すると沖で泳いでいたドイツ人夫妻が近くに寄ってきて、ドイツ語で母に何かを尋ねた。

母は、その昔、ドイツのハンブルクにいたのでドイツ語が話せる。母が、「日本から来ました。このホテルはいいですね」とドイツ語で話すと、二人は大喜びし、「どのくらい滞在するのか？」と聞いてきた。

母が「一週間のツアーです」と言うと、二人は仰天して、「ヌーア・アイネ・ヴォッヘ！」と大きなジェスチャーをして驚き、沖へ泳いでいってしまった。

私はその姿を見ながら母に、「あの人達、何を驚いていたの？」と聞くと、「あのご夫妻はセイシェルに一ヶ月の滞在ですって。私達が一週間のツアーだと言ったら、『あんなに遠い日本からきて、たった一週間ですか。信じられません』ですって。ママ達の方が、一ヶ月も滞在できるなんて信じられないわよね」

セイシェルの旅行は、何のトラブルもなく、輝子も元気に帰国したが、父母にとっては輝子の衰えに驚かされた旅だった。

かつてパリに同行した頃の、過剰な元気さを知っている二人は、輝子があまりにもおとなしく、「食事がまずい」「サービスが悪い」と不機嫌になることもなく、普通の穏やかなおばあちゃまになっていたのが信じられなかった。

輝子が亡《な》くなった後に聞かされた話だが、セイシェルの最終日、私と輝子がホテルの庭を散歩していた時、母がたまたま輝子と私の部屋の絨毯《じゅうたん》にある小さな黒い汚物を、二、三個、発見した。

「あなた、大変！　ちょっといらして！」

母は汚物をティッシュペーパーでふき取りながら思った。「輝子お義母《かあ》様は来年、メキシコのカリブ海のカンクンビーチに行きたいとおっしゃっていますけれど、ご無理なのではないかしら」と。

父も思わず胸打たれてその場にたちすくんだという。

「カンクンに行きたいわ」の言葉を最期《さいご》に

昭和五十八年三月、セイシェルから帰国すると、輝子はその年の暮れから翌年一月にかけて、大京町の伯父の家の近くにある林外科病院に入院した。肝機能低下という診断だった。

さらに、四月から一ヶ月入院した後、六月には伯父の長女恵子が計画して、輝子と伯父夫婦と恵子の四人で、大分県の湯布院にある旅館「玉の湯」に行った。やわらかい豊後牛《ぶんごぎゅう》や、旬《しゅん》の食材を喜んで食べたという。

この年の七月、大学四年の私は「齋藤茂吉」の卒論が書けずに焦《あせ》っていた。国会図書館や都立中央図書館に行くものの、ちっとも論文らしいものが進まない。情けないことに肝心の歌の意味が分からず、茂吉の歌のどこが優《すぐ》れているのか見当も付かないのだ。

私には、歌よりも茂吉の日常生活の方が面白かった。父によると、茂吉は鰻《うなぎ》が大好物で、しょっちゅう自分だけ鰻の出前をとった。しかも、上中下とあると、中で満足していた。珍しく家族全員分の鰻を頼んだ時は、じっと鰻を見つめ、その中で一番身が厚い鰻を食べたがったという。

伯母の美智子も後年語っている。

「茂太との婚約後、両家の顔合わせが築地《つきじ》の『竹葉亭』であり、当時、食料難で鰻が足りなかったので、輝子おばあさまの弟である、西洋叔父様が猟と釣りの名手でしたから、津久井渓谷《つくい》でおとりになった鰻をお持ちくださったんです。『竹葉亭』では私は、茂吉お義父《とう》様と隣り合わせに座っておりました。そのうち鰻の蒲焼《かばやき》が運ばれてきて、着物姿で緊張気味の私は少し箸《はし》をつけて、そのままにしていたら、茂吉お義父様が、『それちょうだい』とおっしゃって、ヒョイとお取りになって召し上ってしまったんですの」

十八歳の美智子が嫁ぐと、味噌《みそ》汁の具にも異常にこだわって、必ず前の晩に、「明日の味噌汁の具はネギがいい」とか、「ワカメと豆腐にしてくれ」と命じたが、何かの加減で別の具が出ると、忽《たちま》ち激怒して、

「ダメだ、ダメだ、ダメだ、ダメだ！」

と、烈火の如《ごと》く怒り、慣れない女中さんは涙ぐんだという。

とにかく食べ物への執着は凄《すさ》まじかった。

また、一方で肉体も鋭敏であった。輝子と違って暑がりやで汗かきであった反面、寒がりやで、真夏でも木陰に入ると、すぐに涼しさを通り越した感覚に襲われた。独特の体臭もあったようで、家族の誰も刺されないのに、茂吉だけが蚤《のみ》や南京虫《ナンキンムシ》に喰われ、蚊帳《かや》で寝ていたという。

膨大な茂吉の論文や短歌を読むものの、評論も何十冊も出版されていてどこから手

をつけていいかわからない。

おまけに会社の新卒採用の就職試験が始まっていて、連日、会社訪問で外出していた。私は幼い頃から父の躁鬱病騒動を見ていたので「作家なんて最低の職業。人間がまっとうに生きるにはサラリーマンが一番だ」と思っていた。だから何が何でも会社に就職して普通の勤め人になりたかった。

しかし、父は作家だし、伯父は精神科医で、身近な親戚《しんせき》にはサラリーマンがいない。とりあえず会社というもので知っているのは新潮社だった。いつも家に来ていた編集者は新潮社の人が一番多くて馴染《なじ》みがあったからだ。

父に「新潮社に入りたい」と言うと、「由香は本も読まないし漢字も知らない。新潮社に迷惑をかけたくないから、絶対ダメだ」と、猛反対された。

とすると、次に知っているのは文藝春秋だった。父は躁病の時に何十枚も書いた原稿を没にされたことがあった。恐らく支離滅裂な文章だったのだろうが「文春のバカ！」といつも八つ当たりしていた。それで名前を知っていた私は、１０４で番号を調べて文藝春秋の人事部に電話した。

「私は斎藤由香といいます。来年の春、就職をしたいのですが、どうやったら入れますか？」

「どこの大学ですか?」

「成城大学です」

「ちょっとお待ち下さい」

三分程、電話を待たされた。

暫《しばら》くすると、電話の向こうで男性は言った。

「申し訳ありませんが、成城大学は採用しておりません」

今まで自分の大学のレベルなんて考えたこともなかったが、初めて世の中の常識を知った瞬間だった。中学から成城学園に入学し、何も考えることなくボーッと大学まで来てしまった事を思い知らされた。

文藝春秋の人事部の人の一言により「これは本気にならないと内定を貰《もら》うのは大変だ。ウチの大学レベルだとどこにも入社できないかもしれない」と、知っている限りの会社を訪問する日々が始まった。

まずは父がいつも飲んでいるコカ・コーラの会社に行ってみると、渋谷にあった会社は英語だらけで、会社案内も英語で表示されていて絶句。私は、英語は「ハロー」と「サンキュー」しか話せないので、「これは無理だ」と一瞬にして諦《あきら》める。

当時四年制大卒の女子を採る企業は少なく、ノエビア化粧品をはじめ、何十社も見て回ったが、そのうち漠然と、「お客様に喜んでもらえるサービス業が自分には合っている」と思いだし、航空会社や旅行会社、ホテルなどを中心に回ることになった。

真夏のある日、会社訪問から疲れ果てて帰って来ると、マルチーズのコロが庭で同じ場所をグルグル回っている。獣医さんに聞くと、老犬になり、三半規管が衰えて自分の居場所がわからなくなっているのだという。私が六歳の時に飼ってもらったコロはもう十八歳になっていた。耳も悪くて「コロ、コロッ！」と呼んでも気づかない。あんなに元気で庭を走り回っていたコロが弱ってきたのと同時に、輝子も次第に元気がなくなった。伯父の家でふさいでいる日々が続いた。

それでも八月には中軽井沢の別荘にくるというので父と母は喜んだ。国内旅行はそれが最後になった。

九月末には女子学習院の同窓会、常磐会に伯母につきそわれ出席した。常磐会はダンスホール事件で除名されていたが、戦後、復帰を許されたらしい。それ以降、輝子は一度も外出することがなかった。

十月初め、輝子は右脇腹《わきばら》に痛みを訴え千駄ヶ谷にある林病院に入院した。ところが、一向に良くならないばかりか胆嚢《たんのう》の腫《は》れと痛みが増していくため、十一月十四日に開腹手術をした。病理検査で肉腫《にくしゅ》だということが判明し、伯父茂太は林院長から覚悟しておくよう言われたという。

私は、大学の授業が終わると、家に帰り、母が作った胡麻《ごま》豆腐やコンソメスープをタッパーに入れて病室に届けた。

輝子はレストランやホテルも超一流を好んだので、

「おばあちゃま、これは、『吉兆』のお豆腐ですから、どうぞ召し上がって下さい」

「これは、『吉兆』のお吸い物でございます」

と、嘘《うそ》を言うと、輝子は、「まあ、おばあさまが好きな吉兆なの？　結構ですこと」と、弱々しく微笑《ほほえ》んだ。私はそのいたずらっぽい笑みを見たくていつも同じ言葉を言った。

輝子は見舞いに行く度、もともと細い腕がどんどん細くなって青白い顔をしていた。ずっと点滴をうけていたが次第に悪化していくのが傍目《はため》にもわかった。

それでも私が見舞いに行くと、

「メキシコに由香と同じ名前のユカタン半島というところがあるのよ。退院したらそこにあるカンクンビーチに一緒に行きましょうね」

と、何度も何度も同じことを言った。輝子の笑顔はおだやかで気品があり、いつもと同じように優しかった。そのため私は、輝子はイルクーツクの腸閉塞《ちょうへいそく》やチチカカ湖の落水でも生還したんだから、今度も元気で退院できると心底信じていた。

私の就職活動も山場を迎えていた。友人が全員合格したリクルートでは、私だけが一次試験であっさりと落とされ、絶望的な気持ちになっていた。

輝子はなにごとも一流が好きだからと、私は輝子を喜ばせたい一心で、JAL、JTB、ホテルオークラを受験した。

ハローとサンキューの語学力しかないのに、オークラの面接では、「将来、フロントか、コンシェルジュになって、海外からのお客様に喜んでいただけるお仕事をしたいです」とヌケヌケと語ったし、JTBでは、「添乗員になって世界各国へお客様をご案内したいです」と言った。

ちょうどその頃、母の知り合いの方が、「サントリーは新しい会社だけど、元気で面白い社風だから、由香ちゃんに向いているんじゃないの？」と声を掛けてくださり、全く考えていない会社だったが、こうなったらどこでも受験しようと思って受けることにした。

最終面接にはJTBとサントリーが残った。JTBは輝子が大顧客だったから残してくれたのだろう。JTBの最終面接に来た人達は大人《おとな》しく、楚々《そそ》とした上品なお嬢様タイプばかりで、みんな紺色のスーツにセミロングの髪型だった。

一方、サントリーは茶色や赤色のスーツがいたり、意志が強そうな帰国子女やジャズシンガー、NHKの番組で司会のアシスタントをやっている人がいたり、日大芸術学部でコピーライター志望の男の子みたいなショートカットの女性がいたり、そのバラバラな雰囲気と個性豊かな受験生に圧倒された。

試験会場の待合室に座っていても、静かな部屋にもかかわらず、「ねえねえ、私達、今日の面接に合格したら、次回は健康診断だそうだよ。それで合格するのかな?」と、あたりかまわず話しかけてくる人がいた。そしてそれにすぐに反応して大声で話し出す女の子が多かった。

世間的に有名で一流企業であるJTBには是非とも入社したかったが、「お嬢様ばかりの会社に入社して、ずっと猫をかぶるのもつらいなあ……」と、心中は複雑だった。結局はサントリーを第一志望にし、ようやく内定が出た。早速、輝子に知らせるため、病院に行くと点滴中で皺《しわ》だらけの青白い顔をして眠っていた。

私は小さな声でそっと話しかけた。

「輝子おばあちゃま、由香でございます」

すると輝子は目を覚ました。

「輝子おばあちゃま、結局、就職する会社はJTBでなくサントリーになりました」と報告すると、キョトンとした顔をした。一流が好きな輝子にとって、サントリーなんて聞いたこともない会社だった。

輝子は弱々しい声で私に尋ねた。

「……何故《なぜ》、そんな会社がいいの？」

「女性社員が元気で、自由な雰囲気なのでノビノビできそうなんです」

「……じゃあ、しようがないわね。由香がいいというのなら仕方がないわ……」

輝子は弱々しく言うと、また眠りについた。

その日、病院から家に帰ると、コロがまた庭で同じところをグルグルと回っていた。老犬になり、徘徊《はいかい》が始まっていた。十八歳のコロはすっかり弱り、食欲もなく、白内障が進み、目が見えない状態だった。コロがグルグルと回っているのがいたたまれなくて、抱き寄せてソファで私の膝上《ひざうえ》に座らせると、安心したのか、「クン」と鳴いた。あんなにふさふさだった白い毛は薄くなり、艶《つや》がない。私がコロの頭を撫《な》でていたら、熱い液体を膝に感じた。

「あっ、コロが、おもらしした！」

抱き寄せるとグッタリと目をつむり今にも死にそうだった。

ちょうど、その時外出先のデパートから母の暢気《のんき》な電話が入った。

「由香、今、デパートなんだけど、何か買って帰るものある？　ケーキとか、欲しい？」

「ママ、それよりコロが大変！　おもらししたの。死んじゃいそう。早く帰ってきて！」

私は電話をきると、書斎にいる父に向かって叫んだ。

「パパーッ！　コロが死にそう！　早くきて！　早く！」

その晩、コロは死んだ。


コロが死んで私は何も手につかなくなった。私が幼稚園の時、母が「由香が、一人っ子でかわいそうだから」と飼ってくれた犬で十八年も一緒にいた。夏の軽井沢でも一緒だったし、母から、「毛を吸うからベッドに入れてはダメよ」と言われていたにもかかわらず、母に内緒で小屋から出して一緒に寝たこともしょっちゅうだった。

私は妹を失ったかのようで、朝起きると泣いて、食事をすると泣いて、お風呂《ふろ》でも泣いて、ベッドに入ると一緒に寝ていたふわふわのコロを思い出し、一日中、メソメソしていた。父も母も同様で、身内の者が亡《な》くなったかのように家が静まり返った。今まで父と母がケンカをした時、それぞれの心を和らげてくれたクッション役がコロだった。そのコロがいなくなってしまったのだ。

一方の輝子は次第に食べ物は何も受け付けられなくなり、容態は急激に悪化していった。新しい年を迎えるのは厳しい状況だった。

そんな日々、私の卒論提出は一月上旬に迫っている。目次と序章だけようやく完成した。タイトルは「茂吉短歌に於《お》ける肉体性」とした。

第一章　味覚

第一節　死と食

第二節　孤独と食

第三節　病と食

以下、第二章　嗅覚《きゅうかく》、第三章　触覚、第四章　聴覚、第五章　視覚、第六章　体液と続く。

〈序章〉

茂吉はその生涯において、食べるということに対して、異常な程の関心と執着を持っていた。初版『赤光《しゃっこう》』の「分病室」に次のような歌がある。

隣室《りんしつ》に人は死ねどもひたぶるに帚《はは》きぐさの実《み》食ひたかりけり

初めてこの歌を目にしたときの印象は強烈であった。そして非常に劇的であった。自らが腸チフスで入院しており、しかも隣室で患者が死んだという切羽詰まった緊迫した事態の中で、「食ひたかりけり」と詠嘆したのである。隣室の死と食欲の対照が、私にはひどく異質なものとして感じられたのである。

人間には五感という感覚があるという。味覚・嗅覚・触覚・聴覚・視覚——。初版『赤光』を読む時、私達はまずその鋭敏な感性、感覚に驚かされる。一つの肉体をもつ人間の感覚や気分と一体になった観念を、あるいはまた観念を感じている生身の人間の息吹《いぶき》が歌われているのである。物事をよく見る目、よく聞える耳、香りや匂《にお》いに敏感であり、又、温度・湿度などにも非常に神経を使っている。

それらの鋭敏で繊細な感性、濃密なる感情、気分が、執拗《しつよう》に、かつ、鮮明に描かれているのである。それはまるで、朝目覚めてから夜休むまでの四六時中、茂吉は自分自身の体の一部である目で物を見つめ、耳をそばだて、物事すべてを体全体で吸収しようとしているかのようである。初版『赤光』における感覚を分析し、茂吉が感じた感性・情緒をみてゆくとき、それは茂吉のもつ肉体性の本質に触れる一つの手がかりにつながるのではないか。そこに現出した生の息吹をとらえていきたい……。

恥を忍んで陳腐《ちんぷ》な文章を紹介したが、これでは筆も進まないだろう。実際、本文はほとんど出来ていなかった。

ある日、輝子を見舞った後、父と小田急線で帰る途中、新宿駅で、「由香と一緒に外出することとなんてないから映画を観《み》よう」ということになった。父と初めて一緒に観る映画だった。

新宿コマ劇場のあたりをぶらぶらと歩いていると、ちょうど伊丹十三《いたみじゅうぞう》監督の「お葬式」が評判になっていて、面白そうなのでそれを観ようということになった。

私はコカ・コーラとポップコーンを買った。映画の中で、お坊さんが長い読経《どきょう》をしている最中に電話がかかってきて、親類の男性が受話器を取ろうとした瞬間、足がしびれて転んだところで私は声に出して笑った。

家に帰ると母に、「何を観てきたの？」と聞かれ、「『お葬式』を観てきた」と答えると、「いやあね。こんな時にそんな映画を観てきて。他の映画にすればいいじゃない」と叱《しか》られた。

輝子の病状は予断を許さない様子だった。

それでも十二月十一日、病床で八十九歳のお誕生日を迎えた。すでに体は痩《や》せ細り、話す言葉も少なくなり、ずっと目を閉じたまま点滴を受けていた。

十二月十六日の夕方、家に伯父から電話がかかってきた。輝子の容態が急変したらしい。父は普段着からわざわざ背広に着替えた。

私は卒論にかかりっきりで、母は「本当にお悪かったら、すぐに電話するから」と私に言い残し、父と車で病院に向かった。

ずいぶんと時間が経《た》った頃、病院にいる母から電話があった。おそろしくゆっくりとした口調だった。

「由香、いい。今からママが言うことをよく聞いてね。おばあちゃまがお亡くなりになったから、今から言うものを用意してちょうだい。それから何か黒っぽい服に着替えてハイヤーを呼んで病院にすぐにいらっしゃい」

私はその瞬間、父母と一緒に行かなかったことを悔やんだ。あんなに元気だった輝子が死ぬなんて考えられず、伯父からの電話にも「危篤《きとく》」という実感がわかなかったのだ。

母に言われて、死化粧のためのピンクの口紅、頬紅、髪を巻くカーラーと櫛《くし》を用意して、ハイヤーを呼んだ。家にハイヤーを呼ぶのなど初めてだから、家の場所を説明したり、忘れ物をしていないか気が気でない。

ハイヤーが家にくるまでの時間、食卓を見回すといつもと違って家は広々と感じられて暗くて寒い。病院に駆けつけると、みんなが廊下で嗚咽《おえつ》していた。

葬儀の一切は伯父茂太と伯母美智子が心をこめてとり仕切った。輝子が着がえた紅花染の着物は山形県から贈られたもので、ピンクがかったグレーの地。輝子のお気に入りだった。遺影もその着物姿の写真で調《ととの》え、祭壇にはマダムビオーレという輝子の好きなうす紫色のバラを用意した。

葬儀委員長の谷川徹三《てつぞう》先生の大変格調高い弔辞の後に、入江相政《いりえすけまさ》侍従長の弔辞が続いた。

「お亡くなりになった齋藤輝子さんは大変ユニークな方で、どなたでも一生のうち一度しか許されないお歌会始の儀に、あの方だけ二度出席されたんです」

みんな、その言葉にビックリ。

何と、女子学習院のOB会である常磐会の宴会の時に、当時の皇后様にじかにお願い申し上げ、それで皇后様が、「齋藤を」とおっしゃって下さったので、「二度ご出席されました」。そんないかにも輝子らしい秘話が紹介され、弔問客から笑いが漏れた。

次の弔辞の阿川弘之先生は、「クイーン・エリザベスⅡ号」で横浜港からホノルルへ航海した時の話をされた。それは父と輝子と一緒の旅で、他には平岩弓枝《ゆみえ》さんや獅《し》子《し》文六さんの奥様も乗り合わせていた。輝子は船上の料理を評して「どうしてこうもまずいのか。キャビアとフォアグラの他は一皿ごとに味が落ち、厨房《ちゅうぼう》にまずくする係がいるのではないかと思えるほどね」と毒舌を吐く。そして「阿川さん、ざる蕎麦《そば》かなにかないの?」と言った。

阿川先生のユーモア溢《あふ》れる語り口に弔問客が爆笑した。

輝子が亡くなった翌年の夏、伯母の美智子が箱根の別荘を訪れた。クローゼットには輝子の洋服や化粧箱も置いてあった。

ふと、別荘を訪れた人にサインをしてもらう「ゲストブック」を見たところ、輝子の直筆が残っていた。

昭和五十八年八月二十九日ヨリ九月八日マデ童馬山荘滞在。
此《こ》の夏が最期《さいご》にならむ。今迄《いままで》になくからだの具合不調
これ以上ながいきしたくなし
八十七歳夏
齋藤輝子
宗光
わがままな私を茂太・美智子はじめ宗吉・喜美子、家族一同大切にしてくれて有難く感謝の念で一杯です。一同幸福の一生を祈ります。
一人子の由香も特に。

「宗光」は輝子のお茶の雅号である。
後日、私はこの一文を伯母美智子から聞き、泣いて泣いて泣いた。

第四章

追憶の輝子

昭和42年頃撮影の齋藤家の集合写真
中央に座る女性が輝子、寄り添う少女が由香
右端が茂太、左端が北杜夫

準備万端のスーツケース

昭和五十九年十二月十六日、輝子は波乱に満ちた生涯を閉じた。かつて、昭和五十一年に雑誌『観世《かんぜ》』で観世元昭師と輝子が対談した時、「わたくしは九十歳までなんて真っ平ごめんこうむりますよ。九十歳まであと十年も生きるなんて考えただけでもゾッとするわ」と語っていたが、その言葉どおり、八十九歳で逝《い》った。

輝子の葬儀が終わり、火葬場でお棺の蓋《ふた》を閉める時、茂太《しげた》伯父は輝子に語りかけた。

「ママさま、さようなら」

その言葉に親戚《しんせき》一同が泣いた。しかし、父は通夜《つや》でも葬儀でも一滴も涙を見せることはなかった。

輝子の葬儀後数ヶ月が経《た》って、父と母が伯父の家に行った。遺品整理のためだったが、二人は沈痛な面持ちで帰ってきた。

「由香、輝子おばあちゃまは大きなスーツケースに、明日にでも旅行に行けるよう必要な物を全部ご用意されていたのよ。退院したらカンクンに行きたいと本気で思っていらしたみたいなの」

母が涙ぐみながら言った。

古びたスーツケースには薬が十種類も入っており、胃腸薬や抗生物質のほか、アフリカ、中南米に行ったときの名残《なごり》であろう、マラリアの薬まであった。輝子の手作りのポケットがつけられた長袖《ながそで》と袖なしネグリジェが二枚、ボールペン、好物の虎屋《とらや》の羊羹《ようかん》、フィルム、お守り、小さな鋏《はさみ》、買物の包みからとったものらしい各種の紐《ひも》、入れ歯のスペアまであった。そしてかなりの額の米ドル紙幣も入っていた。準備万端整ったそのスーツケースを前にして、父は初めて嗚咽《おえつ》したという。

輝子が亡《な》くなり、我が家から笑いが消えた。その頃には住み込みのお手伝いさんもおらず、親子三人だけの暮らしだった。テレビの旅行番組を見ては涙ぐみ、アフリカツアーの新聞広告を見ては涙が溢《あふ》れ、私は毎晩、枕《まくら》に顔を埋《うず》めた。

幼い時、母から叱《しか》られたりすると、すぐに、「コロ、コロ！」と抱き寄せていたマルチーズのコロもいない。父の鬱病《うつびょう》はさらにひどくなり、夕方まで寝ていて一日に一食だけ、夕食を無言で食べる日々だった。

私は無性に悲しくなると、愉《たの》しくおかしかった輝子のエピソードを思い出すように心がけた。中でもフレッシュ・フォアグラの話が一番輝子らしくて思い出すたびに気持ちが和《やわ》らいだ。

昭和四十七年、私が小学四年生の時、七十六歳の輝子と両親と一緒に、当時、食通に評判だった銀座のフランス料理店「レンガ屋」に行った。私には初めての本格的なフランス料理だった。

輝子はぴんと背筋を伸ばし、メニューを指し、真《ま》っ直《す》ぐボーイさんを見据えて聞いた。

「このフォアグラはフレッシュ・フォアグラですか？」

まだフレッシュ・フォアグラなんてあまり知られていない時代だった。ボーイさんは、輝子独特の厳《おごそ》かな聞き方に、即座に「さようでございます」と答えた。

しばらくしてフォアグラが供されると、輝子はきっぱりと言った。

「これはフレッシュ・フォアグラではありません。ただの缶詰じゃないの！」

あまりの剣幕にボーイさんの顔は強張《こわば》り、楽しかった場の空気が一瞬にして暗転した。

しかし輝子の怒りは後を引かない。翌月に出発する旅行の話に戻って、食事は和やかに進んだ。だが、私は子供心に、輝子おばあちゃまがそんなにもこだわるフレッシュ・フォアグラって何だろうと不思議でならなかった。

大正十三年、留学した茂吉《もきち》の後を追ってヨーロッパに渡った輝子は、ワインやテリーヌ、フレッシュ・フォアグラ、キャビアなど、本物のフランス料理をしっかりと舌に覚えて帰国したのだった。

メイン料理が終わると、輝子はデザートに、スフレとクレープ・シュゼットを頼んだ。どちらも聞いたことがないデザートである。ボーイさんによれば、スフレとはフランス語で「膨《ふく》らんだ」という意味で、ふんわり焼き上げる技術がとても難しいらしい。

「おばあさまと半分ずつ分けましょうね」

輝子は子供のようないたずらっぽい目をした。

スフレはオーダーしてから何十分も待たされ、ようやく真っ白な大きいキャセロールに入ってスプーンと一緒に供された。黄金色にふくらんでカステラのようだった。

「由香、オーブンから出すとすぐに萎《しぼ》んでしまうのよ。早く熱々を召し上がれ」

スフレをスプーンですくって口に入れると甘さがふんわり広がり、ふわっととろける。バターの香りに包まれたそれは、今まで味わったことのない食感だった。

「輝子おばあちゃま、すごく美味《おい》しいです」

「まあ、結構ですこと」

輝子は満足そうににっこりと頷《うなず》いた。父も母も嬉《うれ》しそうだった。私はスフレのあまりの美味しさに夢中でスプーンですくった。

さらに次はクレープ・シュゼットである。パティシエが目の前にフライパンを持ってきて作り始めた。オレンジを切り、果汁をしぼる。フライパンにクレープと果汁を入れ、リキュールを注ぐとボッと火をつけた。輝子はこの炎のきらめきを、ことのほか喜んだ。

炎に照らされ、輝子の顔がゆらゆら揺れる。あんなに怒ったのにもう上機嫌である。仄暗《ほのぐら》いレストラン、赤と白のチェックのテーブルクロス、ぴかぴかに磨き上げられた銀製のフォークとスプーン。大きいワイングラス、小さいワイングラス、ふわふわの熱いスフレ、濃厚なリキュール味のクレープ、穏やかな父、美しく着飾った母。見るもの、食べるもの、すべてが夢のようだった……。

茂吉の故郷を訪ねる

私は成城大学を卒業し、サントリーに入社した。配属された部署は広報部。「こちらが部長、こちらが課長だよ」と紹介され、「部長と課長はどちらがお偉いんですか？」と質問したら、みんなに大爆笑され、会社生活がスタートした。

大学の先輩からは、「会社というのは理不尽なことばかり。怒鳴る上司がいたり、給湯室で女性の先輩にいじめられたり、つらい毎日でヘトヘトになるよ」と脅かされていたが、みんな親切で優しかった。上司と気さくにしゃべれる雰囲気があり、会議では、入社三年目の男性社員が役員に向かって、「それって違うんじゃないですか？」と反論し、それをみんなが当たり前のように聞いている。社長や役員と廊下ですれ違ったり、社内電話をする時も必ず、「こんにちは」「こんにちは」と挨拶《あいさつ》をする。

広報部の忙しさは想像以上で、マスコミからの電話が鳴り響く中、社長インタビューの準備があったり、新商品のニュースリリースを書いたり、新聞、雑誌の取材対応に追われた。さらに会社案内のパンフレットを制作したり、「サントリークォータリー」というPR誌を作ったりでてんやわんやだった。

夏になると、総務部がケチなので夜八時に冷房をきってしまう。イベント準備のため、みんなでウチワを片手に残業し、レゲエの音楽をかけ、アロハシャツに着替える男性社員もいて、ビールを飲みながらワイワイガヤガヤとうるさいこと。夜中に仕事に飽きると、土足のまま、みんなの机上をピョンピョン歩く社員がいたり、社長や役員の物真似《ものまね》をしたりする者もいて、お腹《なか》が痛くなるまで笑った。仕事が終わると、赤坂の居酒屋や焼肉屋に行き、食べて飲んで大騒ぎだった。

毎晩、真夜中に帰宅し、父母に会社であった一日のエピソードを話し、「会社には変な社員がいっぱいいるんだよ」と報告すると、父は、「面白そうな会社でいいね」と満足そうだった。

実は入社してからわかったのだが、父は寿屋《ことぶきや》時代からサントリーが好きだったそうで、いつもオールドの水割りを飲んでいた。私が必死で就職活動をしている時には何も助けてくれなかったが、会社の話を聞く父はいつも嬉しそうで、「いい会社に入って良かったね」とニッコリ微笑《ほほえ》んだ。その後、何年経っても、私が、「サントリーに入って良かった？」と問うと、必ず父は満足そうに「うん」と頷《うなず》いた。

サントリーには「やってみなはれ」という社風があり、若手社員にも大きなチャンスが与えられた。同期は大きなイベントを任され、海外出張に行く人がいたり、私は

ＰＲ誌の原稿依頼のために、作家や著名人の方々と会うことも増え、学生時代に食べたことがないフグ料理や、しゃぶしゃぶを初めて食べ、銀座のバーにも行った。

広報部のメンバーとは、「辛《から》いものツアー」を主催し、みんなで仕事の後、都内の激辛の店を食べ歩いたり、毎週、水曜日には宣伝部の課長とみんなでプールに泳ぎに行った。歓送迎会や忘年会ともなると、二次会、三次会、四次会は当り前で、カラオケで歌をハモったり、みんなで踊ったり、大学時代のコンパよりもド派手な会社生活は、まるで洗濯機に放り込まれたような有様だった。

あまりにも忙しくて面白くて楽しくておかしくて、無我夢中のまま、あっという間に三年、五年、十年……と過ぎてしまった。その間に結婚もし、子供も産んだ。卒論で茂吉を研究したことも、亡くなった輝子のことも頭の中からすっぽり抜け落ちていた。

平成七年三月、会社から帰宅すると、母が突如言い出した。

「由香、あなたはおじいちゃまの故郷である山形の上山《かみのやま》に、中学生の時、一度しか行ってないでしょう？　今度みんなで行きましょう」

私は三十二歳、父は六十七歳になっていた。何を思い立ったのか、「パパが元気なうちに上山に行っておいた方がいい」という母の強い希望で、翌々週、急遽《きゅうきょ》父母と上山を訪ねることになったのだ。山形新幹線に乗ると、車窓からはのどかな田舎の風景が見え、遠くの山々には残雪が残っていた。箱根や京都に行くことはあったが、東北へは大人になってからは行ったことがなく、どの風景も物珍しく目に映る。

かみのやま温泉駅に降り、旅館「古窯《こよう》」に向かう。中学二年生の時に泊まって以来であった。その昔、JALのスチュワーデスだったという美人女将《おかみ》がにこやかに迎えてくれ、夕食は山菜天ぷら、うど鰊《にしん》、筍《たけのこ》の木の芽和《あ》え、こごみ、おかひじきなど、山形ならではの食材を使った料理を楽しむ。夕食後大浴場に行くと、温泉入口の暖簾《のれん》に茂吉が揮毫《きごう》した「ゆ　齋藤茂吉自筆　郷土の生んだ歌人」の文字が染め抜かれていて、なんだか面映《おもは》ゆい気持ちになった。

翌朝、タクシーで十五分程のところにある齋藤茂吉記念館を初めて訪れた。この記念館は昭和四十三年に開館したもので、茂吉の生地・上山市金瓶《かなかめ》の南の丘に建てられた。最上川の支流須川《すかわ》のほとりにあり、東に雄大な蔵王《ざおう》連峰を仰ぐ。明治十四年秋、明治天皇の東北御巡幸の際の小休所を記念して作られた「みゆき公園」というところにあった。茂吉の文業や生活を伝える自筆の書画・原稿の他、書簡が展示してある。

齋藤茂吉記念館の入口には茂吉の胸像があり、建物の脇《わき》には歌碑が建っていた。

夏されば雪消《け》わたりて高高《たかだか》とあかがねいろの蔵王《ざうわう》の山
あしびきの山《やま》こがらしの行《ゆ》く寒《さむ》さ鴉《からす》のこゑはいよよ遠《とほ》しも

館内には、金瓶に生まれ育った茂吉の生家の写真や、少年時代に書いた凧《たこ》の絵、上京し、第一歌集『赤光《しゃっこう》』を出版した頃の貴重な写真や、輝子との結婚、渡欧、帰国後焼失した病院の再建、柿本人麿《かきのもとのひとまろ》の研究など、生涯のトピックの資料が年表と合わせてケース内に展示されていた。

映像展示室で、「齋藤茂吉の世界とその時代」と題したスライドを見る。ドラマチックな音楽とともに映像が流れ、その生涯が紹介されていた。晩年の老いた茂吉が、最上川の川べりに佇《たたず》んでいる姿を見て思わず涙ぐんでしまう。

広大な庭園には箱根の強羅《ごうら》にあった別荘の離れの書斎「箱根山荘の勉強部屋」が移築されている。

父は懐《なつ》かしそうに中をのぞいた。

「パパが学生時代、三夏もおじいちゃまと一緒に過ごした別荘だよ。茂吉おじいちゃまは鰻《うなぎ》が大好きでね。戦時中、山形に疎開《そかい》する時にも鰻の缶詰を持っていって大事に食べていて、その余ったのをまた箱根に持って行ったの。パパにはほとんどくれなくて、自分だけが食べていた。鰻の缶詰を開けて中に入っているパラフィン紙までペロペロと舐《な》めるほどだったの」

茂吉の鰻へのこだわりが凄《すさ》まじい事は前にも書いたが、次第に戦時色の濃くなって行った昭和十五年春、茂吉は銀座の百貨店の食料品売場で、たまたま鰻の缶詰が並んでいるのを見つけ、大喜びで大量に購入した。それを山形に疎開する時も持参し、余ったものを箱根の別荘にまで持って来たのだという。

父母と齋藤茂吉記念館の見学を終えると、宝泉寺を訪れた。宝泉寺は茂吉の生家守《も》谷《り》家の菩提寺《ぼだいじ》で、永仁《えいにん》三年（一二九五年）に開山した時宗の古寺である。生家に隣接する境内は茂吉兄弟の格好の遊び場だった。第四十世住職佐原隆応《りゅうおう》は茂吉の精神形成に大きな影響を与え、明治の書聖・中林梧竹《ごちく》に学んだ和尚《おしょう》の書は、茂吉の書の範になったという。

昭和二十八年五月二十四日、隆応和尚の墓の隣に分骨埋葬された「茂吉之《の》墓」がある。眼前には、茂吉が生まれ育った昔のままの蔵王連峰がゆったりと広がる。墓の裏面の碑銘は、「赤光院仁誉遊阿暁寂清居士」と、茂吉が生前みずから撰《えら》んだ戒名が残されており、父母は神妙に手を合わせた。

茂吉の墓の横にはアララギの木が植えられており、歌碑もあった。

　のど赤き玄鳥《つばくらめ》ふたつ屋梁《はり》にゐて足乳根《たらちね》の母は死にたまふなり

宝泉寺の裏側には茂吉の母を焼いた火葬場跡があり、ここにも茂吉の歌碑が建っていた。

　灰のなかに母をひろへり朝日子《あさひこ》ののぼるがなかに母をひろへり

父は無言で歌碑を見ていた。私は茂吉の墓を見ながら、輝子を思い出す。

「パパが疎開した頃の風景と変わっている？　茂吉おじいちゃまと輝子おばあちゃまのことで何か覚えていない？」

「ここの風景は全く変わってないね。昔のままだ」

「一番小さい時の思い出は何？」

「パパが幼い頃、おばあちゃまの引き出しを開けると、真珠やダイヤモンドの首かざりがいっぱいあって、『ママはすごいお金持ちなんだなあ』と思ったの。大きなダイヤモンドを十一個くらい持っていたけど、戦時中、軍が民間人に『武器を作るのにダイヤモンドが必要だ』と供出を要請したことがある。三井総本家が一番多く出して、二番目に多く出したのがおばあちゃまだったと新聞に出たそうだ。戦後、食べるものに困って、『ダイヤモンドを一個でも残せばよかったのに』と言ったら、『済んだことは仕方がありません』って言っていたよ」

「輝子おばあちゃまって過去にこだわらない生き方だったものね」

「そういう気《き》っ風《ぷ》の良さがあったんだ。それからパパが小学生の頃、茂吉おじいちゃまと輝子おばあちゃまが別居していて、おばあちゃまが居候《いそうろう》をしていた世田谷の叔父の家に行くと、デパートで買ってきたアイスクリームを出してくれたの。豪華な箱に入っていてね。嬉しくて、『また買ってきてね』と言うと、『買ってという言葉は下品です。デパートはお帳場だから、〝取ってきて〟とおっしゃい』と注意された」と苦笑する父は続けた。

「おばあちゃまとパパとママの三人でパリに行った時も、あまりに勢いがあって怖かったなあ。あの時の印象は強烈で、母親というより、まさしく猛女だったね。やっぱり、茂吉とはお互い我が強いから、合うわけはなかった」

輝子のせっかちで怒りっぽい気質もすごかったが、茂吉の怒りも、また凄まじかったらしい。

父が幼い頃、アララギ派の会員の方が、「茂吉先生にお会いしたい」と訪ねてきて、お手伝いさんが、「今、風邪《かぜ》でお休み中でいらっしゃいます」と言うと、その人が「遠方からきたのでお顔を一目《ひとめ》でも見たい」と頼むと、二階から茂吉が凄まじい勢いでどかどかと降りてきて、「おれが寝ているというのが嘘《うそ》だと思うのか！」と、わなわな震えて何分も怒っていたという。

「でもね、その晩、夕食の後にカステラが出され、茂吉おじいちゃまが、『このカステラはどうしたのか？』と尋ねるので、さっきのお客様が持ってきて下さったんですよと答えると、『じゃあ、あんなに怒るんじゃなかったな』と自分でも反省したけど、とにかく怖かった。小さい時は親父《おやじ》に比べると、輝子おばあちゃまは優しかったから好きだったけど、パパが高校生になり、親父をあまりに崇拝していたために、一時、輝子おばあちゃまを軽蔑《けいべつ》していたことがあったんだ。だけど晩年、親父が病みついて、寝たきりになった時に親身に看病する姿を見て、また好きになったの」

それは躁病《そうびょう》でもなく鬱病《うつびょう》でもない、私の幼稚園の頃の穏やかな父の口調だった。

「茂吉おじいちゃまと輝子おばあちゃまの本当の仲はどうだったの？」

「相当、合わなかったね。あまりに性格が違いすぎるからね。しかし茂吉という自我の強い男に尽くすのは大変だったし、男尊女卑の時代にあれだけ堂々と自己を主張した女性も珍しいね」

生前、夕食の席で輝子はよく言っていた。

「茂吉という人は普通の人ではつとまりませんでしたよ。いつもぴりぴりしていて気の毒でした。本当の利口な女か、本当の馬鹿《ばか》な女でないかぎりそばにいるのは無理でしたね。文学をやる人はなかなか一筋縄ではいかないんですよ。強烈な個性と自我を持たなければ文学の道で一流になれない。そういう夫を持った妻は悪妻にさせられずには済まないんです。だからおばあさまはわざと悪妻ぶっていたの。漱石の場合も、蘆花《ろか》の場合も、悪妻のレッテルを貼《は》られたご夫人にわたくしは同情しますね」

茂吉の墓を見た後、二軒先にある齋藤十右衛門《じゅうえもん》さんの家を訪れた。茂吉の実妹なをが嫁に行った家であり、十右衛門という名前は襲名するそうで、戦時中は十三代目が住んでいた。昭和二十年四月、戦争中で食べ物がなくて困った時に茂吉がここに疎開して、妹の主人の世話になった。五月二十五日の東京大空襲で家が焼けると、今度は輝子と、父の妹である昌子《まさこ》が疎開した。父はその頃、旧制松本高校の学生だったが、敗戦間近の七月に寮の食糧が底をつき、やはりこの家に転がり込んで世話になっている。

私たちが訪ねた当時は、十四代目十右衛門さんはその息子さんご夫婦と住んでいるということだった。近隣は道路も舗装されておらず、畑や民家ばかりで、昔のままののどかな田舎の風景だった。

ガラガラと玄関を開けると障子が閉まっていて奥が見えない。

「こんにちは。齋藤宗吉《そうきち》です。どなたかいらっしゃいますか」

人がいる気配はない。

「ごめんください！　齋藤宗吉です。どなたかいらっしゃいますか」

遠くの山で鳥の声がするだけである。

「おかしいわね。どこかにお出かけかしら」

かなりの時間が過ぎて、母が障子を開けて中を覗《のぞ》こうとすると、ようやくちゃんちゃんこを着た老人が出てきた。背が高く、赤ら顔をしている。

「齋藤宗吉です」

父が手を差し伸べると、「よう来た、よう来た。宗吉さん、元気かね」と顔中皺《しわ》だらけにして、笑いながら父の手を両手で包むように握った。

その優しそうな老人が齋藤十右衛門さんで当時八十一歳だった。奥の部屋から奥さんが出ていらして、母が私を紹介した。見るからに温厚そうなご夫妻で、日に焼けた赤い頬と笑顔に何ともいえないあたたかさを感じる。

居間には炬燵布団《こたつぶとん》が見えた。父と母は、玄関先で長年、ご無沙汰《ぶさた》している詫《わ》びを言い、伯父や伯母など、親族の近況を報告すると、十右衛門さんと奥様の和子さんは足元がおぼつかないのに、つっかけを履き玄関から外に出て私達を庭に案内した。庭には白頭翁《おきなぐさ》があった。花が咲いた後の様子が老人の白髪にみえることからその名がついたそうで、うぶ毛をつけた小さな蕾《つぼみ》が地面から顔を出している。五月になるとアネモネのような紫の花が咲くのだという。

父は嬉《うれ》しそうに言った。

「白頭翁は茂吉が好きな花で歌にもたくさん詠《よ》まれているんだよ。『白頭翁ここにひともとあな哀《かな》し蕾ぞ見ゆる山のべにして』」

聞いたこともない歌だった。とても卒論で茂吉をやったとは思えない私は恥じ入るばかりだった。

十右衛門さんは父の訪問を大層喜ばれ、しきりに縁側に上がってお茶を飲むようにと勧めてくださる。だが、突然の訪問だったので父は恐縮して、「お疲れになりますからどうぞお気遣いなさらぬよう。タクシーを待たせておりますからそろそろ失礼いたします」と固辞《こじ》した。

私達は十右衛門さんと奥様に挨拶《あいさつ》をしてタクシーに乗り込んだ。

タクシーが走り去ろうとすると、老夫婦は駆け寄ってきて一生懸命に手を振る。私達も窓を全開にしてタクシーの中から身を乗り出し、手を振った。あたたかい優しさが伝わり、その姿に茂吉が生きていた上山の空気を感じた。

タクシーはどんどんスピードを増す。遠くに見える人影に手を振ると、あちらも手を振り続けている。

「お元気で！　さようなら！」

私は窓から顔を出し、精一杯の声を出した。

明日からはまた会社だし、すぐに山形に来ることもないだろう。あんなにご高齢なのだからご夫婦にお会いするのはこれが最後かもしれない。そう思うと、初めてお会いしたばかりなのに悲しくて悲しくて涙が溢《あふ》れ出た。

平成十六年三月二十日、齋藤十右衛門さんは九十歳で亡《な》くなられた。

豪華客船「飛鳥《あすか》」でのパーティー

平成十五年十一月十九日、日本旅行作家協会創立三十周年のパーティーが大型客船「飛鳥」で開催された。茂太伯父は日本旅行作家協会の会長である。美智子《みちこ》伯母から、「せっかくの機会ですからご一緒にどうぞ」と誘われて、母と出かけた。父は社交的な茂太伯父と異なって華やかなことが苦手だ。しかも鬱病だったので家で留守番をしていた。

「飛鳥」には茂太の長男である茂一《もいち》夫妻や親戚《しんせき》も集まっていた。

母の「兼高《かねたか》かおるさんだわ」と言う声で振りかえると、群青色《ぐんじょういろ》の透けるようなシフォンのロングドレスの女性がタキシードの男性と談笑していた。真っ黒で艶《つや》やかな髪、日本人離れした大きな瞳《ひとみ》、胸と背中が開いたドレスを見事に着こなしており、胸元にはダイヤモンドがキラキラと揺れる。周りにもイブニングドレスや着物姿のご婦人が多くいらしたが、そのエレガントな立ち居振る舞い、優雅な微笑《ほほえ》みは際《きわ》だっていた。

私のそばで或《あ》るご婦人が、「兼高さんのお父様はご商売をされていて、ご自宅のお庭には何十本もの銀杏《いちょう》がある豪邸でいらしたのよ」と語っていた。

小さい頃からテレビ番組「兼高かおる世界の旅」を見て育った私には、文字通り雲の上の存在であった。兼高さんは輝子の数少ないご贔屓《ひいき》の一人で、生前しばしば大好きだと言っていた。自己紹介して、そのことを恐る恐る伝えると、とても喜んでくださった。

お客様の中には、世界最高齢の七十歳でエベレスト登頂をされた三浦雄一郎さんや、お父様で百歳の現役スキーヤーの三浦敬三さん、作家の下重暁子《しもじゅうあきこ》さんなど、総勢三百名もの出席者があった。

夕食の席では親戚だけで一つのテーブルを囲み、ワインやステーキを味わいながら、「輝子おばあさま」の話で盛り上がった。

慶応高校時代、バンドを結成し、二年生で留年。ついには学校を退学になったり、自動車事故で頭蓋骨《ずがいこつ》骨折をしたりと、やんちゃだった茂一は五十八歳になり、齋藤病院の事務局長をやっている。

「ボクが小さい頃、『クソババア』と悪態をついたら、輝子おばあさまが怒って二階まで追いかけてきたんですよ。『おばあさん』とか『おばあちゃん』と呼ばれるのが大嫌いでね。テレビや雑誌のインタビュアーに、『おばあさん』と呼ばれたりすると、その途端、機嫌が悪くなって困りましたよ。旅行がお好きで、贅沢《ぜいたく》をする反面、普段は非常な倹約家で無駄なことは一切なさいませんでしたね。小皿に醬油《しょうゆ》をちょっとでも残すと叱《しか》られてね。いつも冷蔵庫には残った食事がラップやホイルに包まれて積まれていました」

母は美智子伯母に語りかけた。

「宗吉と輝子お義母《かあ》様とのパリの旅行は大変でございました。輝子お義母様が美味《おい》しいものを召し上がりたいとおっしゃるので、パリの『ポール・ボキューズ』にご案内しましたら、『まずいわね』と不機嫌になられて……」

「たまに、お義母様と茂太とわたくしに他所《よそ》様からお誘いがございましたが、お義母様はお呼ばれの席でも、『これ、まずいわね』と平然とおっしゃるので、茂太と震え上がり、小さくなったことが多うございます」と伯母が笑って言う。

茂太伯父をはじめ満座がつられて笑った。

齋藤家での輝子の権力は絶大で、美智子伯母が嫁《とつ》いでくると、「我が家ではわたくしに対して、〝です〟という言葉を禁じます。〝ございます〟と言うように」と最上級の敬語で仕えることを要求した。「ごめんなさい」も駄目で、「ごめんあそばせ」や「さようでございます」といった言葉が日常会話になる。

母が当時のことを思い出す。

「本当に美智子お義姉《ねえ》様は完璧《かんぺき》なお嫁さんでいらっしゃいましたね」

「いえいえ、とんでもございません。いつも食堂でお小言ばかりで叱られておりましたのよ。でも、ある時、茂太が、『お母様、そんなにお気に召さなければ、誰かお気に入りの女中でもつけて一部屋探しましょうか？』って申し上げた途端、わあわあとお泣きになったんですの。みんな慌《あわ》てて、まあまあまあという感じで取りなしたこともございました」

あのおばあちゃまが、わあわあ泣いたとは驚きだった。母も思わず尋ねる。

「それはいつ頃でございますか？」

「いつでしたかしら。もちろんご自分が女王様で旅行を繰り返していらっしゃる時でございます。七十過ぎくらいだと思います」

「本当にお強い方でしたが、どこかかわいらしいところがおありでしたね」

「さようでございます。輝子お義母様はお生まれになった時から乳母に育てられ、お料理やお掃除というものを何もご存知ないままに結婚され、子供達も乳母に任せておられましたから。御飯を炊《た》いたりする庶民生活を御存知ないのですから仕方ございません。御自分で考えて『いい』と思われることをストレートに実行して、率直におっしゃる。こちらは普通の庶民の暮らししか知らないので本当に至らないことが多うございました。言葉遣いには厳格で、わたくしもいつも大変に気をつけておりましたが、掃除、洗濯、料理などの仕事ぶりを点検なさることはございませんでしたのよ」

「さようでございましたか」

「なぜなら家事というものを全くご存知なかったんですの」

美智子伯母は破顔一笑した。

十八歳で嫁いだ伯母は、嫁入りしたとたん、茂吉からも細々したことを要求された。「刺激が強すぎるから」という理由で「お茶は歌作の前に点《た》ててくれ」と言われ、普段は緑茶は禁じられ、ほうじ茶ばかりだった。毎晩、夜十時きっかりには硫酸マグネシウムを水で溶いたコップと水の入ったコップをお盆に載せ、二階の茂吉の書斎に持ってくるように命じられた。戸を叩《たた》くと茂吉が出てきて、その場で立ったままコップ一杯の薬を一息に飲み、それから普通の水を飲む。その後「おやすみあそばせ」と言って下がるのが日課だった。硫酸マグネシウムはいわゆる緩下剤で、徹底した茂吉の生活スタイルであった。

美智子伯母は嫁ぐ時、「何があろうとも齋藤家に飛び込んで同化し、父母に対して絶対服従する」という強い意志を持っていたのだ。

伯母と母の厳《おごそ》かな言葉遣いの掛け合いを聞きながら、私は輝子の逸話を思い出していた。

輝子が海外に行く時、母に電話をかけてきて、「喜美子《きみこ》、長袖《ながそで》のブラウスを貸してちょうだい」と言うのでブラウスを貸すと、「暑かったから半袖にちょん切っちゃったわ」と、すました顔で母に返していた。母は絶句し、お気に入りのブラウスを切られて何とも悲しそうな困惑した表情をしていた。そのようなことがよくあった。

他にも、輝子がアフリカのマリ共和国で、真っ黒な猿の頭を買ってきてホテルオークラのシェフにスープにしてもらった話や、象の缶詰を持ち帰った話など、痛快な思い出がいくつもある。「飛鳥」での二時間のディナーの席での話題は、輝子に振り回されたエピソードばかりだった。

デザートが出され、幾多のバトルを演じた茂太伯父が笑いながら語った。

「とにかく輝子というのは天真爛漫《らんまん》で自由奔放。他人が自分をどう思うか、全く考えることなく、超マイペースで本当に困っちゃうんだよね。こちらは振り回されっぱなしでね。美智子の胃潰瘍《いかいよう》もすべておふくろのせいですよ」

茂一が思わず呟《つぶや》いた。

「輝子おばあさまが亡くなって二十年も経《た》つのに、こんなにみんなの話題になるなんて、大したもんだなあ」

茂太の逝去

平成十八年十一月二十日、茂太伯父が九十歳で亡くなった。自宅で体調が悪くなり、救急車で病院に運ばれ、心肺停止となった。その後、一時は蘇生《そせい》したものの、危篤《きとく》状態のまま集中治療室に入ったため、お見舞いにも行けなかった。

だが、数日後、奇跡的に病状が回復したので、父母と見舞いにかけつけた。おそるおそる集中治療室のドアを開けると酸素マスクをつけた伯父が寝ている。その顔は青白く、私達は息を呑《の》んだ。窓の外からは雨音が聞え、冷たい午後だった。

沈黙の中、父に気づいた伯父は無言のまま、弱々しく手を伸ばした。父は顔を近づけて、「お兄様」と優しく話しかけ、その手を強く強く握った。伯父の唇がかすかに動く。

モノクロームの映画のようで、伯父と父の手が重なるのが何十秒にも感じられた。この時初めて私は伯父と父の距離が縮まった気がして、泣き出してしまいそうだった。

実は二人はお互いの家に遊びに行ったり、お酒を飲んだりすることがなかった。私にはそれが兄弟疎遠《そえん》のように感じられて長い間不思議だった。しかし今思えば二人の年齢差は十一歳もあり、お互い忙しかったのだろう。

その後、茂太の容態は落ち着き、一時は一般病棟に移り、退院の話まで出て安堵《あんど》させたのだが、また予断を許さぬ容態に転じた。そして遂《つい》に帰らぬ人となってしまったのだ。

通夜《つや》の晩、大雨の中、父母と駆けつけると伯父の家には喪服を着た親戚が集まっており、伯父の長男、茂一が家に招きいれてくれた。伯父は同じ敷地内に三人の息子、娘達と、五棟の五家族で暮らしていた。安置された遺体の側《そば》を、二、三歳の曾孫《ひまご》達が走り回っていた。泣きじゃくる人もおらず、恬淡《てんたん》とした雰囲気だった。

喪服を着た伯母はいつものような優しい笑顔で語った。

「お忙しい中、お越し頂き有難うございます。茂太も喜んでおります。何度も病院にお見舞い下さり、早速に枕花《まくらばな》までお届け頂き、有難う存じます」

深い悲しみの中、全く涙を見せることなくよどみなく話される。あまりにも穏やかなその様子に感服した。

さらに驚いたことに齋藤病院の院長である次男の章二が、父に死因を説明しはじめた。その二人の落ち着いた様子を見て、齋藤家は医者の一族であることを実感する。誰一人として涙を見せるものはいない。みんな深い悲しみはあるが、「お父様は最高の人生を生きたのだ」と満足しているようだった。私は真っ白な花に囲まれた遺体に手をあわせると、涙が溢れ出て止まらない。

茂太伯父は『ママさまは不思議の人』という本を書いている。伯父の生前、私は輝子の事を書こうと思って、伯父の本と、父の『母の影』を読んだ。達意の文章に感動すると同時に、私にはとても輝子の事は書けない、と思い知らされた。そのことを告げると伯父は、「由香には由香のおばあさまがいるのだから、思うとおりにお書きなさい。パパや私の文章を気にすることはないですよ」と優しく励ましてくれた。

それだけに伯父にはどうしてもこの原稿を見てもらいたかった。そういえば輝子にも茂吉の卒論を見せることが出来なかった。

――私はどのくらい泣いていただろう……。ふと顔をあげるとやはり誰も泣いていない。いつも通りきちんとしていて、穏やかな空気が流れていた。

次男の章二が言った。

「一時は心肺停止から小康状態まで回復し、一般病室に移り入院二週間で退院してもいいよと言われる程に回復したんです。父の好きだった飛行機の場合でたとえるなら、タッチ・アンド・ゴーという感じかな。家族と交流して、再び、大空に戻っていった感じがします」

精神科医の伯父は齋藤病院名誉院長の他に日本精神科病院協会名誉会長、アルコール健康医学協会会長、日本旅行作家協会会長などを務め、好奇心とユーモアが愉快に老いるコツだと語っていた。社交的で明るくて伯父の周りにはいつも笑いがあった。親戚《しんせき》の結婚式などで会うと、「ごきげんよう」と優しく挨拶《あいさつ》してくれた。主賓としての挨拶では、「二人とも一〇〇パーセントを求めようとせず必ず七〇パーセントで満足するのよ。いい？」と言っていた。学生の私にはその意味がわからなかったが、大人になり私もやっとその言葉を理解できる年齢になった。

ふと廊下の壁を見ると、モノクロ写真が飾ってあった。

「1929年茂太・宗吉」

額縁には茂太の手書きがあり、十三歳の茂太と二歳の父が写った箱根の別荘での写真で、何とも愛らしい表情の二人だった。額を外して父に見せると、長い時間、無言で写真に見入っている。その背中は丸く、白髪も随分と薄くなり、頭皮が透けて見える。表情も弱々しく、父までもすぐに逝《い》ってしまいそうで胸が締め付けられた。

十二月三日は茂太の葬儀だった。

青山葬儀所に母の運転で向かう途中、明治神宮外苑《がいえん》の銀杏並木を通ると、鮮やかに色づき、見事な黄金色だった。三百メートルも続く並木の下では小さな子供を連れた家族連れが銀杏《ぎんなん》を拾ったり、子供達が銀杏の葉をかぶって遊んでいる。

母が寂しそうに呟いた。

「輝子おばあさまが亡《な》くなられたのも十二月で、林外科にお見舞いに行く時、銀杏並木がきれいだったのよね」

青山葬儀所に到着すると、中庭の真っ赤な紅葉が目に鮮やかだった。いつも華やかなことが大好きな伯父にふさわしい午後の木漏れ日だ。

葬儀では伯父の次男、章二が病状と死因を語り、つづいて、喪主の伯母にかわり、長男、茂一が挨拶に立った。

「去る十一月二十一日、二十二日の両日、自宅にて通夜と葬儀を近親者で執り行いましたが、父らしいスマートな『死に方』に、感嘆、称賛の声が絶えませんでした。緊急入院の直後に心肺停止という危機から見事に蘇生し、静かに息を引き取るまでの三週間、家族らは毎日代わる代わる面会し、言葉を交わすことが出来ました。

足腰の衰えにより、講演や好きな旅を控えていた父ですが、その分、執筆活動に拍車がかかったようで、亡くなった時点で、四、五本の原稿と数本の企画を抱えるなど、非常に多忙な充実した日々を送っておりましたから、幸せな晩年であったと言えましょう。

本業のかたわら、多くの趣味を持っていたことは皆様ご承知の通りですが、中でも飛行機に関するコレクションは凄《すさ》まじく、ありとあらゆる物、機内の小物から、ファーストクラスのシート、果てはタラップに至るまで何でも集めておりました。その飛行機コレクションの原点と言うべきものが、本日、祭壇に並んでいるフライト・バッグでありますが、父の『ラスト・フライト』のため、倉庫からその一部をひっぱり出しました。久々にスポットライトを浴びるバッグ達ですが、父の自慢気な解説が聞えてくるようです。

晩年の大きな楽しみは船旅でした。そして病みつきになったのが、『橋の持ち上げ』です。船が橋の下をくぐる時に、両腕を上げて、その橋を持ち上げているような写真を撮ってもらうのですが、クルーズに欠かせない楽しみの一つになっていました。忙しく働いてきた父にとって、電話も原稿締め切りもない船旅はまさに快適で、夫婦の時間、お仲間達との時間をたっぷり取れたことは本当に良かったと思っております。

ここからすぐの所にあった青山脳病院を空襲で焼失した数年後に四谷でクリニックを開き、再建に奮闘していた頃の父の姿を忘れることは出来ません。世間では、『ユーモア好きのモタ先生』などと呼ばれていましたが、寝食を犠牲にして働く父は、近づきがたく、怖くて口もきけない時期があったほどです。外面と内面が一致するまで、随分と長い時間を要しましたが、当時の父の姿を忘れることは決してないでしょう」

あちこちから、すすり泣きの声が聞える。

茂一も万感の思いなのだろう。言葉がつまった。

「……本日、思い出深い青山の地で皆様とお別れできることを父は大変喜んでいると思います。父の遺骨はここ青山墓地の『茂吉之《の》墓』の隣にある『齋藤家之墓』に納められますが、あの祖母輝子と同居となるので、暫《しばら》くはストレスの日々となるかもしれません」

すると静まりかえっていた青山葬儀所に笑いが起こった。

後日、茂太の納骨式に親戚が集まった。青山墓地には乃木《のぎ》将軍の墓地近くに齋藤家の墓があり、小さな敷地内に、「茂吉之墓」と「齋藤家之墓」と二つの墓が並んでいる。昭和二十八年二月二十五日に茂吉が亡くなり、まだ悲しみの残る中、輝子が突如として、「茂吉之墓は茂吉の墓であるから、他の人が入るのはおかしい。わたくしの入る墓を作りなさい」と茂太に命じて、同じ墓地内に作った墓である。

墓石には、「齋藤輝子　逝去一九八四年十二月十六日」と書いてある所に並列して「齋藤茂太　逝去二〇〇六年十一月二十日」と刻まれていた。

エピローグ

三十年ぶりに見つけた絵葉書

輝子から由香に送られた絵葉書

齋藤家の一番の中心人物であった伯父が亡《な》くなり、ぽっかり心に穴の開いたような気持ちのまま、年が明けた。

例年にない猛暑となった平成十九年八月下旬、輝子の取材のために山形上山《かみのやま》を再訪した。年を重ねたせいか、山形新幹線に乗ると、まるで自分の実家、故郷に帰るような気がしてきて胸が熱くなる。車窓から見える風景は広々とひろがり、どこまでも続く青田や山肌にある葡萄棚《ぶどうだな》は昔と全く変わっていない。

かみのやま温泉駅に降りると、ひんやりした風が心地よく頬を撫《な》でた。

私は昭和五十一年、中学二年生の時、七月二十七日から、輝子と父母と一緒に蔵王《ざおう》の熊野《くまの》岳山頂にある茂吉《もきち》の歌碑を訪れている。

当時、蔵王のお釜《かま》まで同行してくださった大久保良二さんにお会いすることができた。あの頃、大久保さんは上山市役所に勤務されていた。

「輝子さんは十年も前から、『茂吉の歌碑を見たい』とおっしゃられていて、ようやく実現したんです。蔵王山頂に上ると、歌碑を撫でたり、前から見たり後ろから見たり、それは丁寧にご覧になっていました。茂吉先生を尊敬されてまして『あんな偉い人はいません』とおっしゃっていました」

私は、「十二年間も別居していたのに、輝子おばあちゃまはよく言うよ」と、思わず、笑ってしまう。

輝子の登山には「登りは途中まで車で登れるが、下山は危ないから」と、大久保さんが同行してくれることになったが、駐車場からは思ったより難儀《なんぎ》な山登りだった。

輝子は一歩一歩、杖《つえ》を突きながら無言で山道を歩きようやく山頂に到着した。

私は歌碑を見ても何の感動もおぼえず、それよりも蔵王のお釜の深い緑色が荘厳《そうごん》な風景で何度も覗《のぞ》き込んだ。当時の写真を見ると、私はジーパンにミッキーマウスのTシャツ姿であまりにも幼い。どのくらい輝子は歌碑を眺めていたのだろうか。ようやく下山することになり、大久保さんは、お嬢さんを育てた時に使ったという、おぶい紐《ひも》で輝子を背負い、下山した。

今回は、山形県上山市教育委員会から声をかけて頂き、茂吉や輝子、父の思い出をお話しさせて頂くことになっていた。私は茂吉の歌について語れる知識もなく、会場の皆様の方が茂吉の歌は詳しくていらっしゃるからと、父から聞いた茂吉と輝子の話をした。

最後に、「二人は十二年も別居していて仲が悪かったようですが、父によれば、晩年は年老いた茂吉を輝子が甲斐甲斐《かいがい》しく世話をし、家族のものが驚いた程だそうです」と語ると、講演が終わるやいなや、会場にいたご婦人方が駆け寄ってきて声をかけて下さった。

「大切な茂吉先生の晩年がお幸せで本当によかったです。晩年もおつらい生活かと思っておりましたが、胸のつかえがとれました」

「みんなダンスホール事件のことを知っていますから、今まで輝子さんを認めていませんでしたが、今日のお話を伺ってよかったです」

何と、ついこの間私が知ったばかりである「ダンスホール事件」を、みなさんよくご存知で、上山では輝子は、郷土《きょうど》の誇りの茂吉を苦しめた悪妻で通っていたのだ。

そういえば、数年前、母が、「ママ達の仲人である河野与一先生ご夫妻と食事をご一緒した時に、奥様から、『喜美子《きみこ》さんは輝子さんのようにならないでくださいね』

と言われたのよ。当時はその意味がわからなくて……」と言っていたが、多くの方々が輝子はソクラテスの妻のような悪妻の典型と思っていたのだ。

翌日、茂吉の墓に行くと、その昔、茂吉の生家である守谷《もりや》家に長く勤め、茂吉兄弟の幼年期の世話をしていた乳母の鈴木さよさんの孫である神谷弘さんがいらした。齋藤茂吉記念館の事務局長もされた方で、現在、金瓶《かなかめ》学校保存会の仕事をされている。

齋藤茂吉の歌集『小園』の後記にも、さよさんの事が書かれている。

「私は明治二十九年、十五歳〔数え年〕でこの村を出て東京に行つたのであるから、五十年ぶりで二たびこの村に住むこととなつたのである。同齢ぐらゐの人々の多くはこの世を去つてゐたが、おサヨといふ媼《おうな》は九十歳を過ぎてまだ丈夫でゐた」

神谷さんは茂吉の墓の前で感慨深くおっしゃった。

「この風景は茂吉の幼い頃の風景と全く変わらないんですよ。茂吉が私の祖母におぶられ、一緒に歩いた道があそこです。茂吉は十四歳でこの村を出て行ったのですが、昭和二十年四月、約五十年ぶりに故郷金瓶で疎開《そかい》生活を送ることになったのです」

疎開中、さよさんの許《もと》を訪れる茂吉は孫の神谷さんに、「おかが丈夫でいるか？」

と声をかけたという。

神谷さんは昔を思い出して語ってくれた。

「おさよは九十一歳でも元気で、気ままに野良《のら》仕事をして、自分で藁《わら》を打ち、草鞋《わらじ》や草履《ぞうり》を作っている毎日でした。茂吉が草鞋づくりのおさよに話しかけると、おさよはいつも手を休めて聞き入っていました。私が何を声かけてもらったのかと問うと、『丈夫でええなっす。百まで頑張れな。おかがまた来っからな。おかがの作った草鞋を履いて長生きすっだいから、また作っててけろな。からだに気をつけてな』と、いつも労《ねぎら》いと励ましの言葉をかけてくれたそうです。そして十円という大金を手渡して五足の草鞋を手に持ち、おさよの仕事場を後にされていました」

「この風景は昔とどこか変わりましたか？」

「全く変わっていません。金瓶の橋から南に見える三吉山は、金瓶からは山頂が尖《とが》って見えます。茂吉も子供の頃から見慣れた姿だったのでしょうね。須川《すかわ》を渡ると、のどかで穏やかな湯坂の村里になります。田んぼ、小川、あぜ道、小さなお堂。黒沢を通って松原不動尊へ行くことができます。幼い茂吉がお母さんと一緒に歩いたところです」

茂吉が子供の頃の風景と全く変わっていないという言葉に驚く。

東京ではいたる所、風景が変わった。輝子が亡くなった頃、世田谷松原にはキャベツ畑があったが、この二十年で消えてマンションが立ち並んだ。毎年お月見の頃になると、空き地に生えているススキを採って活《い》けていたが、今は花屋で買わなくてはならなくなった。また、茂吉が住んでいた青山は、その昔、狐《きつね》の鳴き声がしたというが、表参道ヒルズが出来上がり、すっかり変貌《へんぼう》してしまった。軽井沢までが大きく変わった。輝子と遊びに行った馬屋はなくなり、長野新幹線が開通し、避暑地の情緒に溢《あふ》れた旧軽井沢は原宿の竹下通りのようになってしまった。


神谷さんに話を伺った後、茂吉の生家である守谷家に行くと、ご長男の廣一さんが出ていらして、「この庭は茂吉が好きだった庭です」と案内してくださった。昔のままの旧家や先祖を大切にする暮らしぶりに驚く。その隣家の齋藤十右衛門《じゅうえもん》さんの家に行ってみると、やはり昔と同じで時間が止まったようである。

三年半前、齋藤十右衛門さんは亡くなられているが、奥様の和子さんはお元気で八十九歳だという。十二年前にお会いした時と同じ笑顔で迎えて下さった。ご長男の繁さんによれば、現在は稲作より、銀杏《ぎんなん》の生産に力を入れているという。縁側から和室に案内されると、西瓜《すいか》が出され、どっさりとお饅頭《まんじゅう》やお煎餅《せんべい》が盛られていた。

「お忙しい中、突然お邪魔して申し訳ございません。実は今、輝子おばあさまのことを書こうと思っております。茂吉おじいさまが疎開された時はあの奥のお蔵の中にいらしたのですか」と、庭先にある土蔵を指すと、和子さんはおっしゃった。

「茂吉伯父さまは奥のお部屋で、手前は輝子伯母さまがお住まいでした」

「ご一緒のお部屋ではなかったのですか」

「はい。お二人はほとんどお話しされませんでした」

和子さんと娘の重子さんは肩をすくめ、おかしそうに笑った。

「疎開には、お嬢様の昌子《まさこ》さまもいらして、昌子さまは草取りをしたり、お手伝いをして下さるんですが、輝子伯母さまは何もなさらない。茂吉伯父さまが、『輝子、少しは手伝え、手伝え！』と、おっしゃられて、お食事の盛り付けなどをされると、ご自分の好きなものだけ山盛りにされるので、また茂吉伯父さまがお怒りになられて……。でも茂吉伯父さまはいつも私達にはお優しくていらっしゃいました。戦時中は食糧難でしたが、鶴岡《つるおか》に嫁いだ長女が、茂吉伯父さまのために新鮮な魚を食べさせたい一念で、鶴岡から毎週一回、海産物を背負って金瓶に届けてくれたんです」

「どんな魚を？」

「鱈《たら》、鮭《さけ》、鰯《いわし》、鯛《たい》、ハタハタなどでした。姉は氷を入れた魚箱を背負い、供のものに赤ん坊を背負わせ、汽車を乗り継いできたんです。車中で知り合ったアバという浜の魚を売り歩く女に出会えば、そこでも新鮮な魚を買ってきました。伯父さまは、『十二分に食べた。有難う』と申され、姉はこのお言葉に、魚を運ぶ労苦が忘れられると何時《いつ》も言っていました。ある日、茂吉伯父さまの鰻《うなぎ》好きを知ったという方から鰻が届いたんです。受け取った鰻二匹のうち、一匹を主人が見事にさばくのを見て、茂吉伯父さまが、『俺もしてみたい』と言われた。それで鰻は背から裂くものですが、腹から裂き、悪戦苦闘されていましたね」

東京に戻り、九月が過ぎ、あっという間に十月になった。

或《あ》る晩、帰宅すると、美しい和紙の封書が届いていた。

「御前略　候《そうろう》申し上げました。

朝、『寒くないか？』と声かけられる季節に入りました。過日は御丁寧にお文を忝《かたじけの》ふし、御本も頂いて楽しく読ませて頂きました。厚く御礼申し上げます。テル子伯母様については金瓶では優しい伯母様でした。後々の事においては毛頭考へられぬ思ひで驚き、又尊敬の到《いた》りです。十右衛門の先祖右馬助がここに住したのは元和《げんな》八年ですが、家が建てられたのは元和元年とありました。母屋《おもや》を解体した時点に屋根裏から出た板札に建築年号が銘記してありました。右馬助から次々に隠居分家があり、十右衛門になつて十三代目になります。また、守谷家は茂吉の父が金瓶出身ですが、婿《むこ》養子であつて、何時も金瓶一番になりたいといふ方で三階建の家を建て、冠木門《かぶきもん》を作りました。その後、住居は市の保存会の要請で建替られ、冠木門は現在に至つて居《お》ります。

何か御参考になればと思ひしたためましたが、他に何か必要なことがありましたら、知つてゐる限り申上げます。

日毎《ひごと》にお寒くなりますので、御身お大切になさつて下さいませ。

御礼を申上げる積もりがこんなことになつてしまひました。申し訳ございませぬ。私も老齢の身で何時どうなるか解《わ》かりません。がんばります。

御きげんやう。

かしこ」

和子さんの八十九歳とは思えぬしっかりとした達筆に、しばし見とれてしまう。茂吉の親族にはどことなく一本筋が通った矜持《きょうじ》のようなものがある。東京で育ったお嬢さまの輝子の振る舞いにはさぞ驚いたことだろう。

しかし、輝子にも彼らに劣らぬ自尊自立の心があった。それは激動する時代とともにより強いものになった。関東大震災、東京大空襲、茂吉との不和、戦後の食糧難、娘二人を亡くしても、鬱《うつ》にならなかった輝子。

それにしても、「齋藤家の人びと」は何と強烈で個性的だったのだろう。茂吉や輝子のスケールの大きさに圧倒される。孫世代の私は何故《なぜ》こんなにも小粒な人間になってしまったのだろうか。

輝子の生涯を書き終えた今、やはり輝子との思い出のいっぱい詰まった日記をなくしてしまったことが、改めて悔やまれてならない。

秋の台風の夜、日記が一冊でも残っていないかと父の書庫に行き、何百冊もの本が並ぶ書棚の中を探した。何時間、書庫にいたのだろう。外はすごい暴風雨で雨音が轟《とどろ》く。絶対に残っているわけはない、と諦《あきら》め、ふと私が学生時代に読んでいたフランソワーズ・サガンの本を動かした瞬間、息を呑《の》んだ。

何と、輝子が海外から送ってくれた絵葉書がビニール袋の中に保存されていたのだ。輝子の事を書いている私に、天国の輝子が送ってくれたような気がして、心臓が止まりそうだった。

震える手でおそるおそる開けてみると、アフリカやチュニジア、ベトナムのホーチミン、ルクセンブルク、グラスゴー、ライプチヒ……と、世界各国からの絵葉書が二十枚以上もあり、美しい万年筆の筆跡で細かな文字がびっしりと書かれていた。

母が私を妊娠中の時のリオ・デ・ジャネイロからの絵葉書があった。

「喜美子の具合順調のことと思ひます。適当に運動すべし。ペルーよりアルゼンチンへのヒコーキ酸素吸入器をくわへてアンデス山脈越へをはじめての経験、本場のバーベキューを味ひつつ、今、リオ・デ・ジャネイロでカーニバル気分にヒタッテいますが群衆が昼も夜もブットオシで踊り狂ひ太鼓の音とバクチクで夜も昼も眠れず（ホテルの大通りに面していてここを通ります。四晩殆《ほとん》ど眠れず）、二十階の窓から蟻《あり》の様な群集をながめています。明日ブラジリアにとび、サンパウロに泊り、ニューヨークに帰ります。リオ・デ・ジャネイロ　齋藤輝子」

南極からのものも何枚かあり、ペンギンの絵葉書だった。

「新年お目出とう。どうやらドレイクパッセージの暴風圏ものりこえ、丁度、今、南緯66度の南極圏を通過。目に見えるのは波のみ。お正月はおせちとお雑煮。小松氏、TBSとさかんにフントーしています。私も非常に元気故呉々《ゆえくれぐれ》も御安心下さい。由香カゼ引かぬ様。輝子。1／1・50」

他にも、南極の氷原のボートに赤いダウンジャケットを着込んだ観光客が乗っている絵柄のものがあった。

「由香様。カゼ引かぬ様、呉々も気をつけて下さい。そればかり心配しています。今が一番大切な時故ガンバッテ勉強する様。エハガキのゴムボートで親船よりのりうつり、基地のある島へ上陸します。エクスプロラ号と云《い》う船。氷の海をガリガリ、クダキながら航海しますが凄《すご》い音がします。これからパーマー基地に上陸します。オババは大変元気故安心して下さい。パパ、ママへよろしく。輝子1／3・50」

輝子が南極でお正月を迎え、「小松左京さんがワインでお祝いしてくれたのよ」と喜んでいたのを思い出す。あの頃、小学生の私は学校や、近所の友達と遊ぶのに夢中で、南極に行くのがどんなにすごいことなのか、七十九歳の輝子の旅行がどんなに難儀であることなのかわからず、全く心配していなかった。

アフリカやパリから絵葉書が届いても、年老いた輝子が海外のホテルでどんな思いで手紙を書いたのかを想像することもなく、有難いとも思わなかった。絵葉書が届くと、「あっ、お元気なんだ。よかった」と目を通すだけで食卓の上にポンと置いた。それを母がまとめて保存してくれていたのだ。

私は次々と絵葉書を読んでいった。胸が張り裂けそうだった。涙が溢れ、字がぼやけて読めない。チュニジアからの絵葉書は、「オババは元気です。由香もお勉強しっかり。カラダ大切に」とか、ジュネーブからのは「由香に時計のお土産」と書いてあり、どの絵葉書も「一同の健康を祈ります」と結ばれていた。

あの時、あまりに輝子が元気で、海外からの絵葉書を当たり前だと思っていた。何故、私はきちんと御礼を言わなかったのだろう。感謝の言葉を言わなかったのだろう。

しかも、どの絵葉書にも、「お勉強しっかり」と書いてある。私はそれを読んだ記憶すらない。その意味も分からず、遊び惚《ほう》けていたのだ。もしや私はもっと勉強をして、齋藤家を継ぐべく、精神科医になっていればよかったのか、とすら思った。それなら輝子がどんなに喜んだことだろうか。

最後の一枚の絵葉書を見ると、それはブルゴーニュ・ボーヌからのもので、最後に「由香にパリを見せたい」と記してあった。輝子はパリが大好きで何十回と訪れている。レンガ屋のフレッシュ・フォアグラに激昂《げきこう》した輝子を思い出す——。

絵葉書を手にした私は呆然《ぼうぜん》と立ち尽くす。書庫の外は凄《すさ》まじい豪雨だった。父は八十歳で足取りも確かでなく、近所へ散歩にも行けなくなってしまった。いつの日か、父も亡《な》くなってしまう。四千五百坪の堂々たる青山脳病院も二度と甦《よみがえ》ることはあり得ない。胸の中をひゅうひゅうと風が吹き抜けるようだ。私はこの先どう生きればいいのか——。

しかし、天国の輝子は背筋をのばし、にっこりと微笑《ほほえ》んで言うだろう。

「小さなことにくよくよする必要はありません。好きなように生きればいいのよ」と。

謝辞

この本は多くの方々の御著書を参考にさせて頂きました。厚く御礼申し上げます。
また取材に応じて下さった黒柳徹子様、兼高かおる様、茂吉の生家である守谷家の守谷廣一様をはじめ、齋藤和子様、齋藤繁様、齋藤茂吉記念館事務局次長・村尾二朗様、多くの方々に厚く御礼申し上げます。

二〇一〇年十一月一日

斎藤由香

参考文献

『斎藤茂吉論』本林勝夫（角川書店、昭和四十六年）
『斎藤茂吉の研究　その生と表現』本林勝夫（桜楓社、平成二年）
『斎藤茂吉伝』柴生田稔（新潮社、昭和五十四年）
『続斎藤茂吉伝』柴生田稔（新潮社、昭和五十六年）
歌集『赤光』齋藤茂吉（東雲堂書店、大正二年）
『斎藤茂吉全集』全五十六巻（岩波書店、昭和二十七年）
『ママさまは不思議の人』斎藤茂太（講談社、昭和六十一年）
『快妻物語』齋藤茂太（文藝春秋、昭和四十一年）
『回想の父茂吉　母輝子』斎藤茂太（中央公論社、平成五年）
『茂吉の体臭』斎藤茂太（岩波書店、昭和三十九年）
『「感謝」する人――茂吉、輝子、茂太に仕えたヨメの打ち明け話』斎藤美智子・斎藤茂太（講談社、平成九年）
『楡家の人びと』北杜夫（新潮社、昭和三十九年）
『この母にして』斎藤輝子・北杜夫（文藝春秋、昭和五十五年）
『母の影』北杜夫（新潮社、平成六年）

『快妻オバサマVS.躁児マンボウ』斎藤輝子・北杜夫（文藝春秋、昭和五十二年）
『快妻オバサマVS.躁児マンボウPARTⅡ』斎藤輝子・北杜夫（文藝春秋、昭和五十二年）
『まっくらけのけ』北杜夫（新潮社、昭和五十四年）
「東京人」平成六年十二月号（都市出版）

淑女の品格

兼高かおる

齋藤輝子様を御身内の見た目から書かれた本が出た。

私は輝子様を御長男の茂太《しげた》先生（医療法人財団齋藤病院院長）からいろいろ、といっても主に先生が子供の頃のお母様の想《おも》い出だが、伺っていてさすがに明治女と感嘆していた。まずは日本橋三越前、六時に幼い息子（茂太先生）と待ち合せして息子が必死の思いで到着したら既に母はいない。六時を五分オーバーしていたからだった。茂太先生は笑って話されていたけれどその時の心境はいかばかりか。私の母だったらまず子供と待ち合せなどしない。万一したとしても子供が来なかったら頭に血が上って警察に手配をさせるぐらいのことをしてしまう。輝子様が時間厳守を幼い子に身をもって教えたのは「感情よりも現実重視」で尊敬の念を覚えたのである。

先生はいつも輝子様の話の時はにこにことして話された。先生は大柄で白髪でみるからに品格のある紳士である。そしてその容姿の先生にも輝子様は人前も場所もかまわず、出かける時、飛行機に搭乗する時でも「ハンカチと紙を持ちましたか？　トイレに行っていらっしゃい」と言うのだそうである。

輝子様がソ連で病気になられ、その時の茂太先生の出国までの手続き、苦労は本文に書いてあるが、ソ連は私が初めて取材した一九六八年頃の病院はとても日本の水準からほど遠いものだった。

それこそトイレの紙もない、無いものだらけ。先生がどんなに心配して飛んでいったか。私が輝子様にその話をすると大きく笑って「茂太は忙しいからこうでもしないと抜けられないのよ」と捨て身で演じた母の愛情？　を告白なさった。しかし実際は病状その他が大変だったことが書かれている。

本文に輝子様は御飯もまともに炊《た》けず、それを食べた次男の嫁の実家の母が娘がお腹《なか》をこわさないかと心配したという件《くだり》がある。かつて輝子様が私におっしゃったのに、結婚したからには御飯位炊けなければ、と試みたことがあったそうだ。かまどの前に立っていたら夫、茂吉氏が来て何をしているのだと聞いたので「御飯を炊こうと思って」と言うと、お前はそんなことをしなくていい、と返されたので二度と炊かなくなった、と大らかに笑っていた。根性がある。

本の題名『猛女とよばれた淑女』だが、淑女、すなわちレディーだが淑という漢字は「しとやか」の意味で従って淑女とはしとやかな女であるようだが、あれぇとかきゃーっと言って気絶したり怖がったりするのはレディーではない。紳士の条件は文化教養、遊芸、武芸に秀でていることであるように、私見のレディーは紳士の条件の武芸はともかく、加えて媚《こ》びない、おろおろしない、泣きごとを言わない、やれば出来るの心がまえをそなえていなければならない。第二次大戦後、日本に初めて来た米国高官の人たちがまず敬服したのは、日本女性の柔強二面を持ってびくともしない態度をとっていたことだった。夫、男性を立てながらしっかり手の内に納めこんでいる手腕にも驚嘆していた。彼等の会った婦人達は年配者で明治生まれ、又は明治生まれの母に育てられ、輝子様のように財政的に豊かに生活してきた方々だった。輝子様は戦後に疎開《そかい》先から上京してきて初めてボロ家に住み公衆風呂《ぶろ》に行ったが、嫌がったり泣きごとも言わなかったと茂太先生は感嘆していた。この世に怖いもの、自分が出来ないものがあると思っていない。知らないこと、見ていないもの、行ったことのない所、自分の未知は自分で解決していく。公衆風呂から帰ってこられた時、茂太先生が「大丈夫でしたか？」とお聞きしたら「何が？」と平然としていらっしゃったそうだ。

何ごとにも対処できる輝子様にも苦手はあったらしい。ＪＴＢの友人の話によると彼は輝子様に呼び出され、イタリーでエスコートするように命じられた。理由は「イタリーの男性はしつこく邪魔だから男よけに」と。御歳《おんとし》六十代か七十代の話である。私も大いに勇気づけられたものである。私は私の母より年上の輝子様が大好きだった。

（「波」平成二十年三月号より転載、日本旅行作家協会会長）

この作品は平成二十年二月新潮社より刊行された。

猛女《もうじょ》とよばれた淑女《しゅくじょ》

祖母・齋藤輝子の生き方

新潮文庫 さ－60－52

平成二十二年十二月一日発行
平成二十四年十月五日四刷

著者 斎《さい》藤《とう》由《ゆ》香《か》

発行者 佐藤隆信

発行所 株式会社 新潮社

郵便番号 一六二－八七一一
東京都新宿区矢来町七一
電話 編集部(〇三)三二六六－五四四〇
読者係(〇三)三二六六－五一一一
http://www.shinchosha.co.jp

価格はカバーに表示してあります。

乱丁・落丁本は、ご面倒ですが小社読者係宛ご送付ください。送料小社負担にてお取替えいたします。

印刷・大日本印刷株式会社 製本・加藤製本株式会社

ISBN978-4-10-129592-3 C0195